Histeria e sexualidade

Transmissão da Psicanálise
diretor: Marco Antonio Coutinho Jorge

Marco Antonio Coutinho Jorge
Natália Pereira Travassos

Histeria e sexualidade

Clínica, estrutura, epidemias

 ZAHAR

Grafia atualizada segundo o Acordo Ortográfico da Língua Portuguesa de 1990, que entrou em vigor no Brasil em 2009.

Capa
Estúdio Insólito

Imagens
p. 43: Reproduzido de Jacques Lacan, *O Seminário*, Livro 10, *A angústia*. Rio de Janeiro: Zahar, 2005. | p. 91: Reproduzido de Jacques Lacan, *O Seminário*, Livro 23, *O sinthoma*. Rio de Janeiro: Zahar, 2007. | p. 127: Desenhos de P. Richer. Reproduzido de Georges Didi-Huberman. *Invention de l'hysterie: Charcot et l'iconographie photographique de La Salpêtrière*. Paris: Macula, 1982.

Revisão
Camila Saraiva
Marise Leal

Dados Internacionais de Catalogação na Publicação (CIP)
(Câmara Brasileira do Livro, SP, Brasil)

Jorge, Marco Antonio Coutinho
Histeria e sexualidade : Clínica, estrutura, epidemias / Marco Antonio Coutinho Jorge, Natália Pereira Travassos. — 1ª ed. — Rio de Janeiro : Zahar, 2021. — (Transmissão da Psicanálise)

ISBN 978-85-378-1913-5

1. Histeria 2. Histeria na literatura 3. Psicanálise clínica 4. Sexualidade
I. Travassos, Natália Pereira. II. Título III. Série.

21-56229   CDD: 150.195

Índice para catálogo sistemático:
1. Histeria : Psicanálise : Psicologia 150.195

Maria Alice Ferreira – Bibliotecária – CRB-8/7964

[2021]
Todos os direitos desta edição reservados à
EDITORA SCHWARCZ S.A.
Praça Floriano, 19, sala 3001 — Cinelândia
20031-050 — Rio de Janeiro — RJ
Telefone: (21) 3993-7510
www.companhiadasletras.com.br
www.blogdacompanhia.com.br
www.zahar.com.br
facebook.com/editorazahar
instagram.com/editorazahar
twitter.com/editorazahar

Sumário

A Alexandra e Claudio, amores
À memória de Alain Didier-Weill

Introdução

CONHECIDA E ESTUDADA DESDE a Antiguidade, origem da descoberta do inconsciente, estrutura dividida e conflitiva do sujeito, posição discursiva fundamental, recusada pela psiquiatria contemporânea (que não sabe como incluí-la no rol das patologias médicas), a histeria atravessou os séculos numa trajetória acidentada e marcada por epidemias, e assim segue. Este livro olha para tal percurso pelo prisma da psicanálise e oferece um panorama geral dessa afecção impressionante, chegando até a contemporaneidade, quando ela se manifesta numa realidade cultural que conjuga três traços pregnantes: a globalização, a internet e a predominância dos discursos que têm como referência a ciência e suas mais diversas formas de manifestação. A aliança desses três elementos resulta numa rede de informação poderosa que invade a vida cotidiana das pessoas. Descobertas científicas, as mais variadas pesquisas em curso e estatísticas diversas são rapidamente consumidas. Mas essa rede de notícias veicula igualmente as chamadas *fake news* — e informações truncadas ou mesmo mentirosas podem passar por verdadeiras.

A principal característica da ciência é a exclusão do sujeito. Esse aspecto foi enfaticamente destacado por Jacques Lacan, que introduziu noções bastante precisas em sua releitura da obra de Sigmund Freud para avançar na abordagem psicanalítica da cultura. Lacan mostrou como René Descartes fundou o discurso da ciência promovendo a foraclusão do sujeito em seu *Discurso sobre o método*.[1] O mecanismo da foraclusão (*Verwerfung*, em alemão) significa que algo foi colocado do lado de fora e ali permanece definitivamente preso, e foi por foracluir o sujeito de seu campo que a ciência proporcionou o surgimento do sujeito do inconsciente na psicanálise.

Essa mesma foraclusão do sujeito inerente à estrutura da ciência tem sido denunciada em especial no campo da psiquiatria, no qual ela se fez sentir de forma avassaladora e produziu efeitos de grande magnitude. Enquanto o primeiro *Manual diagnóstico de saúde mental*, o DSM, publicado originalmente em 1952 pela Associação Psiquiátrica Americana (APA), apresentava sessenta distúrbios mentais, um processo de patologização da vida foi posto em curso ao longo das sucessivas edições — até que o DSM-5, de 2013, repertoriou nada menos do que 350 distúrbios! É claro que também é possível, em contrapartida, diagnosticar o DSM-5: trata-se de um acesso maníaco de especialistas que desenvolveram uma verdadeira compulsão diagnóstica!

Há uma paixão nosológica que denuncia o medo do real sem nome. Mas será que a mania dos autonomeados "ateóricos" do DSM-5 responde à demanda oculta presente no sujeito e até mesmo na cultura? A cultura representa uma continuidade da estrutura do sujeito, no qual também se pode ver a demanda de ser classificado: a tristeza, afeto comum na vida, vira depressão; a própria vida, constituída essencialmente de altos e baixos, vira distúrbio bipolar;[2] a diversidade sexual vira LGBTI+; e a criança feliz e saudavelmente pulsional vira hiperativa com déficit de atenção...[3]

Não podemos esquecer que os pais têm a capacidade de proferir "diagnósticos" mais cedo e, assim, produzir intensas marcas e efeitos subjetivantes; por exemplo, ao dizer do filho *"Ele é muito inteligente!"* e da filha *"Ela é linda, mas não gosta de estudar!"*, definem qualidades e vaticinam o futuro de sua prole. Alguns índios norte-americanos tratam a nomeação de uma criança com uma intuição original e salutar. O nome não é escolhido num tempo sincrônico ao do nascimento do bebê, mas sim em um momento no qual, ao olhar da tribo, algo da ordem do significante se decanta no real para aquele sujeito — e de repente o nome da criança emerge.

Ocorre que o DSM, desde sua terceira versão, publicada em 1980, apresentou — em prol do crescimento exponencial de uma psiquiatria biológica centrada na psicofarmacologia — um apagamento dos aspectos mais relevantes que fundaram a clínica psiquiátrica e a renovação que a psicanálise trouxe a esta: vimos não só o desaparecimento dos grandes quadros psiquiátricos, construídos ao longo de três séculos de pesquisa e tratamento clínico, como também o total apagamento do sujeito do inconsciente, através da erradicação de todas as contribuições feitas pela psicanálise à abordagem do caso clínico em sua singularidade.

Os quadros clássicos foram substituídos pela noção de *transtorno*, que, ao reordenar a clínica por parâmetros que excluem o sujeito, outorgou à ciência da química a capacidade de produzir sucessivas gerações de medicamentos que combatem sintomas específicos. Evidencia-se aqui a estreita associação estabelecida pela ciência com o capitalismo no mundo contemporâneo! Como salientou, com pertinência, o psiquiatra Fernando Ramos,

> a verdade nua e crua é que, ao lançarem a suposta *revolução* do DSM-3, calcada sobre uma mistura confusa de ingenuidade epistemológica e malícia oportunista, os psiquiatras acadêmicos norte-americanos venderam — sem terem legitimidade para tal — a alma da psiquiatria ao Mefistófeles do Complexo Médico--Industrial.[4]

O domínio da nosografia estabelecida pelo DSM tornou-se cada vez mais frequente em todo o mundo. Mesmo em países como a França e o Brasil, nos quais a psiquiatria sempre seguira a orientação psicodinâmica fundada por Henri Ey, originada da associação da psiquiatria com a psicanálise — e cuja característica é a historicização do sujeito a partir de sua fala —, essa influência tornou-se cada vez maior.

Muitas obras foram escritas com a finalidade de repensar os rumos dessa psiquiatria organicista e reducionista. A psicanalista e historiadora Elisabeth Roudinesco, num ensaio sobre o lugar da psicanálise na cultura contemporânea, assinalou que "no que concerne ao psiquismo, os sintomas não remetem a uma única doença e esta não é exatamente uma doença (no sentido somático), mas um estado. Por isso, a cura não é outra coisa senão uma transformação existencial do sujeito".[5] As sucessivas revisões do DSM feitas pela APA, desde a primeira versão do manual, levaram ao abandono da psiquiatria dinâmica e à eliminação da subjetividade no sistema de classificação nosológica, resultando num verdadeiro desastre: a redução do distúrbio psíquico "ao equivalente à pane de um motor".[6]

O psiquiatra e psicanalista Patrick Landman mostrou recentemente os erros graves e inegáveis cometidos pela psiquiatria atual nessa direção, em especial o desaparecimento da neurose como dimensão estrutural, que acarretou a medicalização do psiquismo.[7] Esse estado de coisas começou, de fato, há muito tempo, e Landman ressalta algumas fortes tendências na origem da classificação das doenças mentais realizada pelo DSM-3, tais como a recusa dos conceitos da psicopatologia clássica e da psicanálise, além da aposta na pesquisa científica dos marcadores biológicos para embasar a etiologia orgânica das doenças mentais. Esquece-se, contudo, que jamais foi possível comprovar a origem exclusivamente biológica dessas patologias. Os objetivos dessa pesquisa jamais foram atingidos.

Assim como aconteceu com o DSM, a atualização da Classificação Estatística Internacional de Doenças e Problemas Relacionados à Saúde (CID), estabelecida pela Organização Mundial de Saúde (OMS), resultou num aumento de categorias diagnósticas, passando a apresentar 55 mil códigos classificatórios em sua 11ª edição, *versus* 14 400 da versão anterior! Segundo a OMS, essa mudança "permite que o profissional possa registrar os *problemas* de maneira mais fácil e eficaz".[8]

Um dos traços mais marcantes dessa reestruturação da nosologia psiquiátrica construída pela APA e difundida por todo mundo foi o desaparecimento súbito, em 1980, ainda no DSM-3, da noção de histeria — fonte de investigação contínua do inconsciente para a psicanálise, desde seu nascimento. O apagamento da noção de histeria foi o marco inaugural de uma série de reformulações que redundaram, na última edição do DSM-5, numa versão que foi severamente criticada, inclusive pelos próprios criadores, como Allen Frances.[9]

A medicalização dos afetos e da vida, incluindo a sexualidade, é tributária da extirpação da histeria do DSM-3 — fato que merece toda a atenção. Ela inaugura uma nova via em cuja trilha a psiquiatria prescinde da psicanálise e, portanto, do sujeito do inconsciente. Ela elimina as vicissitudes da história subjetiva, as vivências traumáticas e a constelação simbólica familiar como fatores inerentes aos conflitos psíquicos que marcam o lugar do sujeito no mundo, assim como seu sofrimento e suas paixões. Ela ignora que, como canta Caetano Veloso, "cada um sabe a dor e a delícia de ser o que é".[10]

A essa presença maciça da ciência na cultura contemporânea se soma a força do capitalismo, fazendo com que a aliança entre o discurso do capitalista e o discurso da ciência se torne o motor que permite forjar inovações em todas as vias que levem ao consumo. O discurso do capitalista se alia sem hesitação a toda tendência que favoreça e multiplique o ganho, como as drogas. Embora tenham estado presentes em todas as culturas e em todas as épocas, sua difusão estrepitosa reflete o empu-xo-ao-gozo promovido pelo capitalismo, que localiza nelas o objeto ideal, já que garantem uma receita fixa, e crescente, como nenhum outro objeto de consumo. Como bem ponderou o psicanalista Charles Melman, a toxicomania representa a verdade do capitalismo, uma vez que o dependente químico realiza o ideal da chamada "sociedade de consumo":

> O sonho de todo publicitário, de todo fabricante, é realizar o objeto [sem o] qual ninguém mais poderia passar [...]; objeto que teria qualidades tais que apaziguaria, ao mesmo tempo, as necessidades e os desejos, que necessitaria de uma renovação permanente, uma perfeita dependência.[11]

Outras drogas também entram na mesma rota do lucro — aquelas vendidas em lugares significativamente denominados de *drogarias*. E, seguindo a mesma lógica, o corpo é igualmente tornado um objeto de consumo, alvo de intervenções cirúrgicas de caráter estético as mais diversas.[12]

O TERMO "HISTERIA" ADQUIRIU popularmente uma acepção pejorativa, passando a designar com desprezo o que é visto como excessivo no feminino. A psicanalista Jacqueline Schaeffer enumera cinco acepções bastante diferentes, até opostas, para o termo "histeria": como histeria de conversão, com ataques e sintomas conversivos variados; como neurose histérica, com sintomas diversos e inversão dos afetos (repugnância no lugar do desejo); como personalidade dramática, com afeto exuberante, sedução etc.; como designação pejorativa do feminino; e, na linguagem coloquial, como crises de nervos, cenas etc. ("mulheres à beira de um ataque de nervos", "histeria coletiva").[13]

O presente livro utiliza esse vocábulo em sua acepção rigorosamente psicanalítica. A histeria é, para a psicanálise, a própria estrutura de base de todo sujeito neurótico, o que significa que há em todos nós, em maior ou menor grau, uma variação, uma labilidade identificatória tributária do fato de sermos sugestionáveis, às vezes de forma extrema. Essa estrutura histérica é responsável ao longo da história pelas mais diversas e surpreendentes formas de epidemias, que apresentaremos aqui: na Idade Média e no século xix, epidemias de bruxaria e de dança, e no século xx, epidemias de personalidades múltiplas e de abdução por ets. Consideramos a hipótese de que a histeria se reveste agora, no século xxi, de uma de suas formas mais originais e incisivas: a incongruência de gênero.[14] E, assim como "bruxas" eram queimadas e enforcadas na Idade Média, atualmente o assassinato de pessoas trans se tornou uma triste e brutal rotina em todo o mundo; o Brasil encabeça a lista, mesmo com a subestatística.

A noção de epidemia pela via do contágio psíquico faz parte da história da psiquiatria e da psicanálise desde um dos primeiros artigos de Freud, "Histeria" (1888), até as mais recentes pesquisas sociológicas.[15] No entanto, percebemos o quanto o desconhecimento disso leva algumas pessoas a considerar que falar de epidemia histérica significa patologizar aspectos e comportamentos da vida cotidiana. Vejam-se obras recentes de Robert Whitaker e de Patrick Landman,[16] que consideram como sendo epidemias alguns fenômenos situados na interseção entre o discurso médico e a mídia, dentre eles o autismo, a depressão e a hiperatividade.

Nosso percurso se inicia pela caleidoscópica história da histeria ao longo dos séculos, para depois nos centrarmos na maneira pela qual a psicanálise — através da sua descoberta do inconsciente e seu novo olhar sobre a sexualidade — a compreende na experiência clínica. Veremos que, diferentemente de ser uma patologia no sentido clássico do termo, a histeria representa a própria estrutura de base de todo sujeito, além de se configurar como um polo discursivo onipresente nos laços sociais.

1. A histeria na história

As formas de Proteus e as cores do camaleão não são mais numerosas do que os diversos aspectos sob os quais a histeria se apresenta.

THOMAS SYDENHAM

O mistério da histeria

Possuindo uma história que atravessa as épocas, a histeria nos leva a indagar o significado desse quadro polimorfo em que ela assume as mais variadas aparências em diferentes períodos. Como sublinhou Lisa Appignanesi, "a histeria é uma dessas condições que é reinventada por diferentes épocas e possui uma maleabilidade cultural tão dramática quanto a paciente Augustine",[1] estudada incansavelmente por Jean-Martin Charcot, o célebre neurologista e mestre de Freud no estágio que ele realizou no Hôpital de la Salpêtrière, em Paris. Para o médico inglês Thomas Willis, autor de *Ensaio sobre a patologia do cérebro* (1684), "histeria" era um termo coringa empregado pelos médicos quando precisavam dizer alguma coisa sobre um quadro desconhecido de causa idiopática que acometia as mulheres de forma enigmática. Sem indicação de cura, aquilo era declarado como histérico.

Importantes obras foram dedicadas a retraçar a longa história da histeria.[2] Um voo panorâmico sobre ela permite apreender o quanto a elucidação de seu mistério foi perseguida através dos séculos pela medicina, para a qual ela opera como o real, impossível de ser simbolizado. Como enfatizou a psicanalista Diane Chauvelot, "a história da histeria segue a história da medicina".[3] O caráter "migratório" da sintomatologia histérica foi indicado desde os primeiros estudos da medicina antiga, e seu próprio nome tem o instrutivo mérito de estar associado ao útero — *hysteros*, em grego —, logo, à sexualidade e à mulher.

Nos papiros egípcios de Lahun, datados de 1800 a.C., já se encontram relatos de mulheres adoecidas das mais estranhas formas: uma não se levanta da cama, nem se lava; outra, com uma doença ocular, apresenta dores cervicais; uma terceira não abre a boca por problemas na mandíbula e nos dentes; a quarta tem dores musculares difusas e nas órbitas oculares. Surpreendentemente, todas essas alterações são atribuídas a uma única causa: a "doença do útero", que, sofrendo de inanição, se desloca pelo corpo movendo-se para cima e perturbando o funcionamento dos órgãos.[4]

Na época de Hipócrates, século IV a.C., ainda se falava do útero "passeador", responsável por tamanha plasticidade sintomática. Foi o pai da medicina quem introduziu o qualificativo "histérico", precisamente para designar um distúrbio relacionado ao útero. O *globus histericus* foi por ele observado nas mulheres viúvas e jovens solteiras: o útero ficaria ressecado, perderia peso, subiria até os hipocôndrios em busca de umidade e obstruiria a passagem do ar, que deixaria de descer até a cavidade abdominal, produzindo convulsões e epilepsia. Se esse "animal que tem apetite de fazer crianças" continuasse subindo, atingiria o coração, produzindo angústia e vômito; se atingisse o fígado, produziria afasia, ranger de dentes, lividez; acometendo a cabeça, traria sonolência, letargia, dores nas órbitas oculares. Os tratamentos eram, consequentemente, o casamento e a gravidez.

No século xviii, quando os anatomistas provaram que o útero não migrava e que o centro da doença estaria no sistema nervoso, ganhou força a hipótese de que a histeria poderia igualmente acometer homens e mulheres, já defendida pelo médico grego Areteu da Capadócia (século i), que relatou casos de histeria masculina, e por Galeno (século ii), que atribuiu a doença a uma retenção seminal causada pela abstinência sexual. Mas nesse início da era cristã, de um modo geral, com o declínio da atividade intelectual, a medicina entrou em decadência, assim como as artes e as ciências de uma forma geral. O cenário para o crescimento do misticismo se desenhava: desastres naturais, fome e grandes pestes acentuavam a miséria humana. Surgia uma ênfase religiosa monoteísta que atribuía à figura de Cristo, o filho de Deus que operava milagres, a medicina do corpo e da alma. No século iv, com Santo Agostinho, religioso com forte afinidade pela filosofia que adotou o maniqueísmo, as ideias pagãs se fundiram às cristãs, repercutindo nas crenças sobre a histeria.

Os fatores sexuais continuavam ocupando a cena principal dos problemas histéricos. Se na Antiguidade a histeria era vista como consequência do desequilíbrio orgânico e momentâneo do corpo e a sexualidade como uma função natural – sem qualquer implicação moral —, com o cristianismo a histeria passou a ser associada aos prazeres da carne, ao pecado e à culpa, dado que o encontro sexual deveria servir apenas à procriação. Para Santo Agostinho, o prazer erótico estava intimamente ligado aos espíritos impuros, pagãos, que seriam demoníacos. O histérico, que era um doente até então, tornou-se um possuído, aliado do Diabo. Além dos sintomas histéricos já verificados, outros foram classificados nesse período: comportamentos considerados bizarros, como engolir agulhas, e marcas no corpo, conhecidas como *stigmata diaboli*.

A aproximação entre a histeria e o demoníaco atinge seu auge na Idade Média, quando a sexualidade foi incluída no rol das manifestações diabólicas. A obra *Malleus maleficarum*, manual oficial de perseguição que visava a identificar as feiticeiras que haviam feito um pacto com o demônio, baseava-se em torturas e mortes, condenando-as a queimar no fogo para purificar a alma.

Apenas no final do Renascimento as "causas" sobrenaturais da histeria foram postas de lado e ela voltou a ser tratada por médicos, dentre eles Thomas Sydenham. Considerado o Hipócrates da Inglaterra, e o fundador da medicina clínica e da epidemiologia modernas, ele explicava os sintomas histéricos como sendo um desequilíbrio entre o corpo e a mente, ocasionado pela falta de sincronia dos espíritos animais que os dominavam.

No século XVIII, Philippe Pinel retomou a interpretação da Antiguidade e denominou a histeria feminina de "furor uterino" ou ninfomania, situando-a em paralelo ao quadro masculino da satiríase; em ambos, tratava-se de desejos libidinais não controlados. E foi com o psiquiatra francês Jules Falret, no século XIX, que a histérica recebeu o epíteto de enganadora, segundo ele acometida de uma verdadeira "loucura moral". Sua descrição da histeria era atravessada pela denúncia do excesso e da falsidade teatral:

> Essas doentes são verdadeiras atrizes; enganar as pessoas com quem se relacionam é seu maior prazer. As histéricas, que exageram até seus movimentos convulsivos [...], travestem e exageram também todos os movimentos de sua alma, todas as suas ideias e todos os seus atos. [...] Numa palavra, a vida das histéricas não é mais que uma mentira perpétua, elas assumem ares de piedade e devoção, chegando a se fazer passar por santas, ao passo que, em segredo, abandonam-se às ações mais vergonhosas, quando criam cenas das mais violentas com seus filhos e maridos, em que dizem grosserias e obscenidades, abandonando-se às coisas mais desordenadas [...].[5]

Embora maldosa, a descrição de Falret é justa ao acentuar as contradições cuja onipresença indica a divisão do sujeito histérico entre seus pares opostos – por exemplo, a santa e a prostituta —, atributo essencial que permite à psicanálise qualificar a histeria como a própria estrutura do sujeito enquanto tal.

Uma das características mais marcantes da histeria é o contágio psíquico dos mais diversos casos clínicos, mencionado em alguns registros desde o século xvii, como um homem na Dalmácia que foi tomado por convulsões logo após ver outro em um ataque epiléptico. Utilizou-se muitas vezes o termo "simulação", mas com tal nome há o risco de se considerar erroneamente o histérico como um sujeito consciente de suas ações. Ao se dirigirem à enfermaria de um hospital para atender algum paciente, os psiquiatras serão também mobilizados para atender pacientes histéricos que, ao verem-no consultando, desencadeiam inconscientemente as mais variadas crises, visando a receber cuidados semelhantes. O diagnóstico diferencial entre a crise epiléptica e o ataque histérico é ensinado no início da formação teórico-clínica, e os jovens médicos, através do chamado sinal palpebral, podem facilmente distinguir os casos.

A sensibilidade ao contágio constitui um traço fundamental da histeria. Freud mencionou o episódio de uma jovem, num pensionato de meninas, que reagiu com um ataque histérico ao receber a carta de um amor secreto que lhe despertou ciúme. Imediatamente algumas de suas amigas exibiram o mesmo quadro. O mecanismo pelo qual isso acontece, diz Freud, é o da "identificação com base em querer ou poder se colocar em situação idêntica".[6] Nesse caso, as amigas desejavam igualmente ter um amor secreto, sentem-se culpadas pelo seu desejo e sofrem se apropriando do mesmo sintoma — não por solidariedade, mas por uma disposição afetiva em comum.

Considerado mentiroso e teatral, o histérico sempre foi francamente rechaçado pela medicina. Como suas queixas nada significam para o discurso médico, ele sempre recebeu a resposta: "Você não tem nada!". Se suas crises foram agraciadas com o termo "piti",[7] isso se deu porque, tendo seus sintomas sido considerados simulação, foi desqualificado como doente.[8] Assim, durante séculos a histeria foi considerada uma doença estranha, situada no limite da medicina, com sintomas incoerentes e totalmente incompreensíveis.

Com Freud vivendo numa Viena que fora governada pelo imperador Francisco José I e pela imperatriz Elisabeth II — a famosa Sissi, mulher bela, liberada e rebelde, mas igualmente angustiada e anoréxica, que desafiava o protocolo da corte e via no teatro sua maior expressão cultural —, a histeria receberia outra acolhida.[9] Veremos que acabaria por revelar-se "não como uma patologia qualquer, mas como um modo de subjetivação".[10]

Da "mesmeromania"...

Entre os séculos XVIII e XIX, os médicos utilizaram o mesmerismo e o magnetismo animal para tratar os sintomas histéricos.[11] O estudo da vida de Franz Anton Mesmer revela como esse médico do século XVIII (período de duelo entre a superstição e o iluminismo), cuja residência foi lugar privilegiado de saraus musicais de grandes músicos e compositores, como Leopold Mozart e seu famoso filho,[12] anteviu algo que seria revelado muito tempo depois por Freud com a psicanálise: a importância da transferência nos tratamentos psicológicos. Nas práticas terapêuticas exercidas por Mesmer e seus êxitos retumbantes, a sugestão era o móbil principal das curas, consideradas muitas vezes milagrosas.

Mesmer foi visto pelo escritor Stefan Zweig como um pioneiro, cuja tragédia consistiu no fato paradoxal de ele ter vindo ao mundo ao mesmo tempo cedo e tarde demais,[13] e pelo historiador Henri Ellenberger como o grande precursor da psiquiatria dinâmica. Os dois enfatizaram o caráter desbravador desse médico, comparando-o a Cristóvão Colombo: "Ambos descobriram um mundo novo, permaneceram no erro até o fim da vida quanto à natureza exata de sua descoberta e morreram amargamente decepcionados. Outro traço que possuem em comum é a ignorância relativa que temos quanto aos detalhes de suas vidas".[14]

Entre 1773 e 1774, aos quarenta anos de idade, Mesmer curou uma jovem gravemente doente utilizando ímãs que, dispostos sobre o seu corpo de determinada forma, fizeram-na sentir "estranhas correntes, como um fluido misterioso, que atravessavam seu corpo de cima a baixo".[15] Ele deduziu daí sua teoria do "magnetismo animal", concebido como um fluido acumulado no corpo do próprio paciente que podia ser potencializado e redirecionado pelos ímãs.[16] Daí em diante, sucedeu-se uma série de curas, inclusive grupais, através da utilização de cubas d'água, assim como experiências de produzir sintomas em pessoas sadias, que lhe trouxeram celebridade e fortuna. Mesmer acreditava que o fluido emanava do brilho dos olhos e que, colocados em estado sonambúlico, faziam restabelecer sua circulação nos doentes. As famosas curas coletivas ocorriam em "grandes cubas cheias de água, pedaços de vidro, pedras, limalha de ferro, garrafas, tigelas de ferro, cujas pontas emergem para tocar os doentes ligados entre si por uma corda que permite a circulação do fluido".[17]

Da sacada de seu majestoso palacete na place Vendôme nº 16, em Paris, Mesmer chegou a conduzir tratamentos magnéticos para multidões de ricos e pobres que se acotovelavam buscando cura para seus males. Paris foi invadida pela moda da mesmeromania:

De manhã até de noite estacionam os carros e cabriolés da nobreza; lacaios esperam nas cores das mais altas famílias da França junto às liteiras adornadas de brasões, e, como os consultórios são muito apertados e só existem três grandes cubas da saúde para os pacientes abastados, estes já alugam com dias de antecedência um lugar no *baquet*, como se faz hoje com um camarote para a estreia de uma ópera.[18]

A mesmeromania significou um fenômeno social espetacular e seria pertinente supor o surgimento de uma verdadeira epidemia de hipnose naquela Paris do século XVIII.

Com a fama do mesmerismo cada vez maior, duas comissões da Academia de Paris — "a mesma que rejeitou o para--raios de Franklin e a vacina contra a varíola de Jenner, que qualificou de utopia o navio a vapor de Fulton"[19] — foram formadas no intuito de comprovar ou refutar a existência desse novo fluido físico. Seus membros concluíram que não havia qualquer prova da existência física de um "fluido magnético". O interessante é que "eles não negaram a possibilidade de efeitos terapêuticos, mas os atribuíram à imaginação".[20] Segundo afirmaram, "a imaginação sem magnetismo provoca convulsões, o magnetismo sem imaginação não provoca nada".[21] O filme *Dr. Mesmer, o feiticeiro*, de Roger Spottiswoode, retrata com riqueza de detalhes a impressionante vida desse médico que, depois de ter ficado rico e famoso por suas práticas excêntricas, foi considerado um charlatão e perseguido, tendo morrido no ostracismo na Áustria, onde se refugiou.

... à hipnose

Em sua obra *A cura pelo espírito*, Stefan Zweig foi um dos primeiros a reconhecer o caráter pioneiro, avant la lettre, de Mesmer: como não ver no frenesi das curas empreendidas por ele o germe da sugestão hipnótica e de seu rebento mais nobre, a transferência? Como não suspeitar no "fluido magnético" a entrada em cena da libido pela porta dos fundos da ciência? Zweig acertou na mosca ao afirmar que Mesmer "como Colombo, descobriu um novo continente da ciência com incontáveis arquipélagos e territórios ainda inexplorados: a psicoterapia".[22]

Nessa segunda metade do século XVIII, dominada pela doutrina de Mesmer e seus alunos, comumente chamada de era dos magnetizadores e hipnotistas, a histeria foi amalgamada a diversos estados mentais: estados sonambúlicos, letárgicos, catalépticos, extáticos, alucinatórios. Muito frequente era também a ocorrência, inclusive sob hipnose, de personalidades múltiplas nas histéricas; a passagem de uma personalidade a outra era desencadeada por uma crise de letargia ou outros estados denominados de "magnéticos".

Após sua partida da França, os principais alunos de Mesmer prosseguiram e aperfeiçoaram suas experiências, especialmente Amand Chastenet de Puységur, que introduziu o sintagma "sonambulismo magnético ou artificial". Mas foi na Inglaterra que o médico-cirurgião escocês James Braid criou, no século XIX, o termo "hipnotismo" — do grego *hypnos*, sono — para substituir o magnetismo animal, afastando assim a conotação sexual que o termo "magnetismo" comporta, conforme destacou o psicanalista inglês Ernest Jones. Jones sublinhou ainda que o vocábulo inglês *coition* (coito) designa, originariamente, a união de duas substâncias magnetizadas.[23] Os trabalhos de Braid foram retomados na França como técnica anestésica.

Ambroise-Auguste Liébault e Hippolyte Bernheim criaram em 1866 a Escola de Nancy[24] (também conhecida como escola da sugestão) e concluíram pela inexistência da hipnose, a qual afirmaram se tratar de sugestão verbal. Em 1891, quando Freud publicava seu primeiro livro, intitulado *Sobre a concepção das afasias* e no qual introduziu a noção precursora de aparelho de linguagem,[25] Bernheim publicou *Hipnose, sugestão, psicoterapia.* Opondo-se à clínica do olhar e sendo levado muito cedo à posição de escuta de seus pacientes, Freud renunciou rapidamente à hipnose e à sugestão, marcando o nascimento da psicanálise. O psicanalista húngaro Sándor Ferenczi escreveu o artigo "Sugestão e transferência", em 1912, no qual desenvolveu a ideia de que "o psicanalista deve cuidar para nunca agir por sugestão"[26] e afirmou que, enquanto a sugestão é um tratamento paliativo, a análise merecia o nome de tratamento causal:

> O modo de ação da sugestão pode comparar-se ao do higienista, que combate o alcoolismo e a tuberculose preconizando incansavelmente a abstinência e a desinfecção. A análise agiria, antes, à maneira do sociólogo que pesquisa e tenta atenuar os males sociais que estão efetivamente na origem do alcoolismo e da tuberculose.[27]

O que Freud opôs à técnica hipnótica que operava pela sugestão — e, no fundo, é preciso sublinhar, a toda e qualquer forma de psicoterapia, — foi a associação livre do analisando e a transferência. Podemos observar que o tratamento psicoterápico da histeria se revela inoperante; os sintomas histéricos se renovam incessantemente e tendem até mesmo a recrudescer caso a posição de mestria do terapeuta seja muito acentuada.

Operar por meio da sugestão implica obliterar a transferência analítica, fazendo com que o sujeito, ao invés de ter acesso à sua fantasia inconsciente, que está na base de seu sintoma, seja induzido pela fantasia do psicoterapeuta.[28]

Assim, se a psicoterapia propõe uma troca de fantasias entre paciente e terapeuta, a psicanálise pretende o atravessamento da fantasia na direção do real da inexistência da relação sexual que a fantasia vela — poderíamos também dizer da falta de complementaridade em qualquer relação. Nas palavras de Ferenczi:

> Ao passo que a hipnose e a sugestão se contentam em negar o mal, ou em enterrá-lo mais profundamente — deixando-o na realidade latente no fundo do psiquismo como o fogo sob as cinzas —, a psicanálise exuma o mal, energicamente, mas sem brutalidade, e reencontra o foco do incêndio.[29]

Mas é preciso fazer uma visita mais demorada à estadia do histérico na Salpêtrière para entender o percurso que ele fez até encontrar Freud.

A histeria na medicina

Dois grandes marcos balizam o trajeto percorrido pela histeria na medicina: o *Traité clinique et thérapeutique de l'hystérie*, de Paul Briquet, publicado em 1859, primeiro tratado médico que empreendeu um estudo objetivo e sistemático sobre o assunto;[30] e os experimentos de hipnose realizados por Jean--Martin Charcot em Paris com as pacientes histéricas na Salpêtrière, a partir dos anos 1870, que representaram o reconhecimento do estatuto de entidade clínica da histeria.[31]

Com Briquet, a histeria ganha direito à ciência: ele e sua equipe do Hôpital de la Charité de Paris estudaram nada menos que 430 pacientes histéricos durante dez anos e destacaram a proporção de um homem acometido de histeria para cada vinte mulheres. Briquet definia a histeria como uma neurose de origem cerebral cujos fenômenos consistem na perturbação dos atos vitais que manifestam afetos e paixões. Para ele, a histeria era a consequência de emoções violentas, tristezas prolongadas, conflitos familiares e decepções amorosas que sobrevinham em sujeitos predispostos e hipersensíveis. Constatando sua inexistência entre religiosas e sua frequência entre as prostitutas, Briquet não apoiava a tese, bastante difundida na época, de que a histeria derivava de obsessões e frustrações sexuais. Sua pesquisa revelou também que a histeria era mais frequente na população rural e nas classes socioeconômicas menos favorecidas.

Quanto a Charcot, a sugestionabilidade histérica evidenciada por ele nos experimentos de hipnose abriu para Freud as portas da transferência, *creodo* (caminho obrigatório) de acesso ao inconsciente: como formulou Lacan, "a transferência é a atualização da realidade do inconsciente".[32] Charcot estabeleceu as bases através das quais Freud iria reorganizar o saber sobre a histeria em moldes inteiramente inéditos e, ato contínuo, criar a psicanálise.

Charcot entrou para a história como o neurologista que descobriu e pesquisou, especialmente entre 1862 e 1870, um grande número de síndromes neurológicas importantes; ainda que tenha sido o responsável por um verdadeiro redescobrimento da histeria, quando faleceu não era mais reconhecido por sua prática hipnótica com pacientes histéricas. Retomou no essencial a concepção de Briquet sobre a histeria: concordava com ele na contestação de que a histeria se originava de desejos sexuais *frustrados*, mas reconhecia que o componente sexual desempenhava importante papel na vida de suas pacientes histéricas. A fulgurante história de seu percurso clínico impressiona por ter conduzido à descoberta freudiana do inconsciente.

Em 1870, Charcot recebeu do hospital a incumbência de criar um serviço para cuidar de mulheres que apresentavam convulsões. A partir da observação daquelas que eram epilépticas e de outras, histéricas que haviam aprendido a imitar as crises epilépticas, ele estabeleceu critérios para diferenciar ambas as crises. Com seu aluno Paul Richer, anatomista e escultor, Charcot aplicou no estudo da histeria o método que criara para o estudo das doenças neurológicas e desenvolveu uma descrição da crise histérica típica e completa (a chamada crise da grande histeria). Em 1878, influenciado por Charles Richet, buscou estudar a hipnose do ponto de vista científico, escolhendo para suas experiências aquelas pacientes histéricas mais sugestionáveis.

Em 1882, Charcot apresentou na Academia de Paris, que condenara Mesmer em 1784, sua famosa comunicação sobre hipnose, na qual descreveu três fases: letargia, catalepsia e sonambulismo. Foi a partir dessa comunicação que a hipnose voltou à cena científica, após ter sido rechaçada três vezes pela mesma Academia. Inúmeros trabalhos começaram a ser produzidos sobre o tema. Os estudos de Charcot sobre a origem psíquica de algumas paralisias traumáticas, realizados entre 1884 e 1885, período imediatamente anterior à chegada de Freud a Paris, repercutiram enormemente. E a pergunta que surgiu nesse momento, abrindo portas que nem sequer se desconfiava existirem, foi: como é possível um fator puramente psíquico provocar uma paralisia sem que o doente tenha qualquer consciência dele?

Pela hipnose, Charcot demonstrou que as paralisias orgânicas têm sintomatologia diferente das paralisias traumáticas, as quais evidenciam um quadro idêntico ao das paralisias histéricas, reproduzidas por ele experimentalmente. Sua hipótese era de que o choque nervoso decorrente de traumas vividos em sérios acidentes produzia um estado hipnoide, semelhante à hipnose, favorecendo a ocorrência de efeitos de autossugestão. Ele acabou por reunir sob a denominação de paralisias *dinâmicas* todas as paralisias histéricas, pós-traumáticas e hipnóticas, opondo-as às paralisias *orgânicas*, oriundas de uma lesão do sistema nervoso.

É digno de nota que tenha sido precisamente no período em que Charcot efetuou essas pesquisas e tratamentos com as

pacientes histéricas que Freud se dirigiu a seu serviço neuro-
lógico na Salpêtrière para fazer um estágio de pós-graduação
de apenas alguns meses, financiado pela bolsa de estudos que
recebeu da Universidade de Viena após o término de seu curso
de medicina. A influência do ensino clínico de Charcot sobre
Freud foi enorme. O jovem neurologista recém-formado que
chega a Paris em outubro de 1885 não é o mesmo que retornará
a Viena em março de 1886. Voltado então para a clínica da neurose histérica, é nessa direção que ele caminhará a passos lar-
gos daí por diante. A série de ensaios sobre histeria que Freud
publica entre 1886 e 1895[33] reflete com clareza a nova angulação
que ele deu a seu trabalho teórico e clínico a partir do encontro
com Charcot, cujas aulas considerava como "pequenas obras
de arte" e de "cuja aparência e voz emanava uma magia".[34]

De fato, nesse período, Charcot ficou famoso e adquiriu a
reputação de um verdadeiro médico-feiticeiro ao curar paralisias histéricas graves sob sugestão hipnótica. A ênfase na
soberania da clínica, sustentada por Charcot através de seu
célebre lema "A teoria está muito bem, mas isso não impede
que os fatos existam", que Freud gostava de repetir, marcou
profundamente o percurso teórico e clínico freudiano. Além
disso, Freud se sentiu de algum modo designado por Charcot
a prosseguir o estudo psicológico da histeria. Narrou ter ou-
vido dele um dia: "Descrevo as formas clínicas e anatômicas
das patologias, mas, em relação aos mecanismos psicológicos,
aguardo que algum outro o faça".[35]

2. Histeria e clínica

A sugestionabilidade é um fenômeno irredutível e primitivo, um fato fundamental na vida do homem.

SIGMUND FREUD

Freud: da sugestão à transferência

O elemento que mais se destaca nas observações iniciais de Freud sobre a teoria e a prática da hipnose com pacientes histéricos é a apreensão embrionária do fenômeno da transferência, vislumbrado nesse momento através da sugestão. Freud sublinha que "o indício mais significante da hipnose, e o mais importante, do nosso ponto de vista, está na atitude do paciente hipnótico em relação ao hipnotizador". E acrescenta: "Embora o paciente se comporte em relação ao resto do mundo externo como se estivesse dormindo, isto é, como se todos os seus sentidos estivessem desviados, ele está *desperto* em sua relação com a pessoa que o hipnotizou; ouve e vê apenas ela, a ela entende e responde".[1] Ao utilizar a hipnose — que opera pela sugestão —, Freud salientou que esse tratamento requer uma preparação: estabelecer uma boa relação transferencial inicial com o paciente, conquistar sua confiança, deixar que sua desconfiança e seu senso crítico se neutralizem. E, como ele afirmou, os casos em que o médico ou o hipnotizador possui uma grande reputação dispensam essa preparação![2]

Freud ressaltou a docilidade do paciente, obediente e crédulo, em relação ao hipnotizador, assim como a extraordinária influência que, nesse estado, a mente obtém sobre o corpo: "A representação que o hipnotizador deu para o hipnotizado através da palavra provocou justamente aquela relação anímico-corporal que corresponde a seu conteúdo. [...] As palavras ganham uma vez mais seu poder mágico".[3] A credulidade do hipnotizado é surpreendentemente comparada por ele, já aqui, ao estado amoroso: "Uma combinação de afeto exclusivo e obediência crédula é, em geral, uma das características do amor".[4] Esse mesmo tipo de observação, que situa a relação transferencial entre médico e paciente como a base da hipnose, é onipresente nas produções de Freud dessa época.

É ainda mais relevante ver como Freud, ao indagar de modo incisivo "o que é realmente a sugestão",[5] questionou precisamente o ponto nevrálgico da prática da hipnose. Foram Liébeault e seus discípulos (Bernheim, Beaunis, Liégeois) que formularam a teoria da sugestão para explicar a hipnose sem recorrer a algum pretenso fator somático, como o haviam feito anteriormente Mesmer (magnetismo animal) e Charcot (reflexos medulares). Freud criticou Bernheim, que escreveu um livro dedicado ao tema da sugestão, por não se deter nessa pergunta essencial — o que é a sugestão? — e se contentar em indicar o importante papel que ela desempenha na vida cotidiana.

E, na busca de responder ele próprio à questão, Freud postulou que o que distingue a sugestão de outros tipos de influência psíquica (como dar uma ordem, uma informação ou uma orientação) é o fato de que a sugestão corresponde à ocorrência de uma ideia numa pessoa, despertada nela por outra, e que passa a ser considerada como dela própria.[6] Além disso, o questionamento de Freud sobre o que é a sugestão vai incidir precisamente na ideia de que ela não pode ser considerada apenas como um fenômeno psíquico patológico. Para ele — como para Bernheim —, é impossível negar a frequência e a facilidade com que o fenômeno da sugestão se produz nas relações humanas, e trata-se apenas de discernir a sugestão dos métodos normais de influência psíquica entre as pessoas.[7]

Muitos anos depois, em 1921, Freud voltaria ao fenômeno da sugestão — ao estudar a psicologia das massas, em um de seus mais importantes ensaios sobre a cultura —, para confessar que considera a sugestionabilidade como um "fenômeno irredutível e primitivo, um fato fundamental na vida do homem".[8] Em especial, ele reafirmaria o mistério ligado a ela: "Agora que mais uma vez abordo o enigma da sugestão, depois que me mantive afastado dele por cerca de trinta anos, descubro que não houve mudança na situação", para concluir: "Não houve explicação da natureza da sugestão, ou seja, das condições sob as quais a influência sem fundamento lógico e adequado se realiza".[9] Isso não impediu que, ao final de seu estudo, Freud conseguisse elaborar uma nova definição psicanalítica da sugestão: "Uma convicção que não está baseada na percepção e no raciocínio, mas em um vínculo erótico".[10] Como Freud chegou até ela?

Nesse ensaio Freud estudou as teses do sociólogo francês Gustave Le Bon, no epicentro das quais reside o enigma da sugestão. Para Le Bon, que parte ele próprio de pressupostos da psicanálise os quais afirmam a preponderância do inconsciente nos processos mentais, a existência em grupo traz à tona as funções inconscientes comuns a todos os sujeitos. Ele arrola três fatores que predispõem a essa conduta: o *sentimento de poder* advindo da adesão do sujeito aos propósitos do grupo numeroso; o *contágio*, que leva o sujeito a sacrificar o interesse pessoal ao interesse coletivo, numa atitude que contraria sua natureza; e a *sugestão*, causa "de longe a mais importante" e da qual o contágio é o efeito. Le Bon vê nessa "influência magnética emanada do grupo"[11] o mesmo estado de fascinação criado pelo hipnotizador sobre o sujeito hipnotizado. Mas a sugestionabilidade especial que os grupos apresentam é o ponto que mais chamou a atenção de Freud e, confrontado com a ausência de "explicação da natureza da sugestão", ele recorreu à teoria da libido para lançar luz sobre a psicologia das massas. A análise de dois grupos artificiais[12] distintos — a Igreja e o Exército — levou-o a concluir que são os laços libidinais, situados por detrás da sugestão, os responsáveis por estabelecer a ligação entre os indivíduos, seja com o líder, seja com os outros membros.

Foi assim que a concepção psicanalítica do amor surgiu para Freud como o elemento que falta para permitir alguma compreensão da sugestão. Freud recorre a Platão para se referir àquilo que mantém unido tudo o que há no mundo. O amor, em seu sentido ampliado, abrange não apenas o amor sexual — que tem a união sexual como objetivo —, mas também o amor próprio, o amor pelos pais e pelos filhos, a própria amizade e o amor pela humanidade em geral. Freud ressaltou que todas essas tendências constituem expressão das mesmas moções pulsionais sexuais. Assim, a aproximação entre o estado amoroso e a hipnose revela que o hipnotizador se coloca no lugar do ideal do eu; a relação hipnótica é uma formação de grupo com apenas dois membros. No grupo, o líder ocupa o mesmo lugar que o hipnotizador na relação hipnótica.

Podemos inferir uma correlação entre sugestão, contágio e identificação nesse texto freudiano, pois a identificação está na base tanto do contágio quanto da sugestão. A noção de identificação é de suma importância para a psicanálise e pode ser descrita como "o processo central pelo qual o sujeito se constitui e se transforma, assimilando ou se apropriando, em momentos-chave de sua evolução, dos aspectos, atributos ou traços dos seres humanos que o cercam".[13] Apesar da precisa definição, o conceito não é homogêneo e Freud tenta resumi-lo de três formas:

> Primeiro, a identificação é a mais primordial forma de ligação afetiva com um objeto; segundo, por via regressiva, ela se torna o substituto para uma ligação objetal libidinosa, como que através da introjeção do objeto no eu; terceiro, ela pode surgir a qualquer

nova percepção de algo em comum com uma pessoa que não é objeto das pulsões sexuais.[14]

A identificação primária, única que Freud não relaciona com alguma descrição patológica, é aquela mais precoce, estabelecida pelo menino com seu pai, e antecede e prepara o estabelecimento do conflito edipiano. Ela corresponde a uma ligação afetiva primeva com o pai, por quem o menino desenvolve um interesse masculino particular: quer vir a ser como ele, que se torna seu ideal. Assim, a primeira forma de identificação está relacionada à constituição subjetiva, da qual trataremos adiante; a segunda é a que se encontra intimamente ligada à sugestão na hipnose, e a terceira diz respeito ao contágio.

Esta última, também conhecida como identificação histérica, nos interessa aqui particularmente para pensarmos a questão das epidemias de histeria. Distinguida por Freud da imitação (voluntária e consciente), com a qual é muitas vezes confundida, trata-se, de fato, de um caso particular de formação de sintoma neurótico, que apresenta uma característica singular: essa identificação não possui qualquer forma de relação de objeto com a pessoa que é imitada; não é uma derivação identificatória libidinal, como o segundo tipo. Exemplo desse terceiro tipo de identificação é aquele citado no capítulo anterior, sobre a jovem do pensionato que recebeu uma carta e teve uma crise de ciúme, repetida em seguida por suas amigas.

Mais essencialmente, Freud sublinha logo no início de seu ensaio que a fronteira entre a psicologia individual e a coletiva perde sua nitidez: se a primeira explora os caminhos pelos quais o indivíduo busca encontrar satisfação para suas pulsões, é fato que estão sempre envolvidos na sua vida mental quatro elementos: um modelo, um objeto, um auxiliar e um oponente.[15] Como resume Eugène Enriquez, o que Freud situa como ponto nodal é a noção de *alteridade*, embora ele não use esse termo: o modelo é o vínculo de identificação; o objeto é o vínculo libidinal (amor/ódio); o auxiliar e o oponente correspondem aos laços de solidariedade e hostilidade, respectivamente, do outro.[16]

Assim, Freud revela o grande segredo de que "desde o começo, a psicologia individual é, ao mesmo tempo, também psicologia social".[17] É precisamente essa dimensão onipresente da alteridade constituinte do sujeito que será explorada por Lacan nos seus desenvolvimentos teóricos mais fundamentais. Tanto o registro do imaginário — que consiste no eu corporal e no narcisismo — se constitui para o bebê através da imagem especular informada pela imagem do outro, o semelhante, como o sujeito do inconsciente, o sujeito falante, se constitui

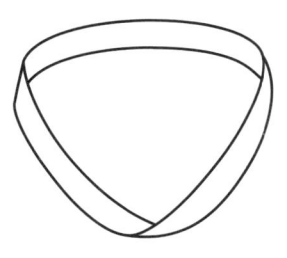

A banda de Moebius

através da ação do Outro, registro simbólico da linguagem que mediatiza o encontro do sujeito com seu semelhante. Tais concepções incidirão sobre o entendimento psicanalítico da relação indissociável entre o individual e o social defendida por Freud, que será ilustrada por Lacan com a banda de Moebius, cuja característica é o estabelecimento da continuidade entre dois lados aparentemente opostos.

O sujeito e o Outro

Com sua concepção do inconsciente estruturado como linguagem, Lacan permitiu que a questão colocada por Freud sobre o que é a sugestão fosse respondida de modo satisfatório. É a partir do discurso do Outro parental, encarnado pelos pais, que o sujeito se constitui: é dele que recebe até seu nome (que curiosamente chamamos de "próprio") e tudo o que possibilita sua existência. "A alienação é própria do sujeito",[18] resume Lacan, referindo-se à alienação inarredável pela qual o sujeito passa ao entrar no mundo do simbólico: para o sujeito se constituir como falante, não há como não se alienar nos significantes do Outro. "O desejo é o desejo do Outro", formula Lacan ainda, explorando ao máximo a ambiguidade do genitivo: o desejo deseja o Outro e o desejo se produz como desejo que provém do Outro.

Mas o que é o Outro? Alteridade radical — daí seu nome: o Outro é sempre Outro, jamais o mesmo —, o Outro é o tesouro dos significantes, universo de linguagem que antecede o sujeito antes mesmo de seu nascimento, podemos dizer antes mesmo de sua concepção como organismo biológico! Assim, o Outro é a língua materna do sujeito, a época e a cultura em que ele nasce; é o país, a classe social, a família (a linhagem), os pais — que podemos designar como Outro parental —, o lugar na prole, o momento afetivo dos pais e da família em que a criança vem ao mundo e assim por diante. O Outro é tudo aquilo que está na base do advento do sujeito ao mundo. Do ponto de vista do Outro da cultura, um bebê nascido no Japão medieval, por exemplo, foi recebido por um Outro absolutamente díspar do Outro que recebe um bebê que nasce no Brasil hoje. Mas as variações são infinitas e podemos depreender isso se levarmos em conta o efeito que a ação de todos os fatores que enumeramos acima produz quando incide simultaneamente sobre a criança pequena.

O bebezinho ao nascer é um indivíduo biológico, um organismo vivo, mas ainda não é um sujeito, embora em princípio tenha tudo para sê-lo. O que transforma esse animalzinho indefeso embora poderoso — quando vem ao mundo, este se curva diante dele para receber "Sua Majestade, o bebê", como o denominava Freud — num sujeito é a ação do Outro sobre ele, pois somente a entrada na linguagem lhe permite o acesso ao "humano". Por aí se pode ver a plasticidade do bebê ao nascer: ele é um objeto que sofre a ação do Outro que o recebe, é totalmente aberto a ela, seja este Outro qual for. E, dentro desse vastíssimo campo do Outro que o acolhe, desempenham um papel primordial a fantasia e o desejo dos pais, nos quais ele é, antes de mais nada, um objeto de gozo, mas também uma expectativa amorosa de subjetividade a advir.

Os pais aqui devem ser entendidos não como os progenitores propriamente, mas aqueles que acolhem a criança de forma vital, ensejando meios e desempenhando ações para sustentar sua sobrevivência da melhor forma possível. Nesse sentido, a psicanalista Piera Aulagnier mostrou de que modo, em concomitância à gestação de um bebê como organismo biológico num ventre, ele é também criado enquanto sujeito na fantasia de quem espera sua chegada, o que se manifesta por exemplo na escolha do enxoval, que vai recobrindo com o simbólico o corpo real da criança.[19]

Esse estado de dependência absoluta do Outro parental própria do filhote humano foi nomeado por Freud com o termo "desamparo" — em alemão, a bela palavra *Hilflosigkeit*. O desamparo significa a vivência da impotência real do bebezinho diante de um mundo hostil no qual ele não sobrevive a não ser amparado energicamente pelo Outro que o acolhe. Essa presença fundante do Outro para cada sujeito é certamente a responsável pelo fato, sublinhado por Lacan, de que quando formulamos a regra da associação livre aos pacientes, indicando que falem tudo o que vier a seu pensamento, eles falam irresistivelmente de sua mamãe e de seu papai. O caminho assumido pelas análises não tem nada a ver com conhecimento nem crença, pois as pessoas que o percorrem "são sempre levadas a algo que associam essencialmente à maneira pela qual foram educadas por sua família".[20] É a dimensão do discurso do Outro e do desejo do Outro que aflora quando o sujeito toma a palavra fora do contexto do diálogo ou do uso comunicacional da linguagem.

Lacan distinguiu o grande Outro do pequeno outro: o primeiro é esse universo inconsciente de discurso que nos atravessa e o segundo é o nosso semelhante, aquele diante do qual somos essencialmente uma imagem corporal e que representa para nós igualmente alguma imagem corporal. A distinção entre Outro e outro é rica porque permite entender que entre mim e o outro existe o Outro; entre um sujeito e seu semelhante existe a linguagem, presença efetiva que, embora não seja uma pessoa, mediatiza o encontro entre eles. Para salientar o fato muitas vezes desconhecido pelos organicistas — que frequentemente querem relegar a psicanálise ao plano de uma abstração sem sentido — de que a palavra possui materialidade, Lacan criou um delicioso neologismo para falar disso: a *moterialité*, palavra-valise que, ao trocar apenas a vogal *a* por *o*, mostra que a palavra, *mot*, também tem uma materialidade, *materialité*.

Assim, Lacan destaca a importância da linguagem, que, no fundo, move e sustenta todas as ações humanas. Por isso, com seu profundo e detalhado conhecimento da obra de Freud, munido das posteriores aquisições da antropologia (Claude Lévi-Strauss) e da linguística estrutural (Ferdinand de Saussure), Lacan dedicou-se durante anos a fio a estudar a estrutura da linguagem e estabeleceu equações fundamentais sobre a relação entre o inconsciente e a linguagem.

Tal esforço de pesquisa se revelou fecundo e acabou forne-
cendo uma poderosa compreensão da obra de Freud. Essencialmente, a teoria lacaniana permitiu esclarecer, através da
chamada lógica do significante, que "o significante comanda;
o significante é, de saída, imperativo"[21] e que, como o sujeito é
em sua estrutura dividido pela linguagem — que o representa,
mas não inteiramente —, ele tende a se submeter à força, ao
império, dos S_1 (significantes-mestres). Este é, no fundo, o princípio que rege a sugestão: a busca frenética de todo sujeito por
apagar sua divisão através de um significante que se sobrepo-
nha a ela: $\frac{S_1}{\$}$. Dito de outro modo, a posição estruturalmente
histérica, dividida, do sujeito ($\$$) o coloca inarredavelmente
em busca do mestre (S_1) que lhe permita apagar essa divisão.

Lacan dedicou um seminário ao tema da identificação, tamanha sua importância para compreender o processo da constituição subjetiva — e aqui retomamos a primeira forma de
identificação trabalhada por Freud —, baseada na relação do
sujeito com o significante. Para ele, a identificação é uma identificação significante e está distante do imaginário, portanto
da imagem do semelhante.

O significante não encerra em si nenhum significado; ele
é em si pura diferença, e apenas quando colocado em série é
possível construir algum significado. Dessa forma, o sentido
é dado apenas a posteriori, quando o último significante da
cadeia retroage sobre os anteriores, permitindo agregar sentido. Trata-se da noção de *Nachträglichkeit* (a posterioridade,
ou só depois) pinçada por Lacan na obra de Freud e à qual

ainda até então não havia sido atribuída a devida importância. Lacan ressalta a equivocidade específica da linguagem e toda a ambiguidade a ela intrínseca. Por exemplo, a palavra "manga" pode se referir, entre outras coisas, a uma camisa ou uma fruta; só estabeleceremos sua positividade se pusermos outro significante em seguida, como "curta" ou "doce". São esses significantes que retroagem em sequência, agregando ao significante "manga" algum significado.

A ambiguidade do significante se contrapõe ao efeito orgânico da imagem, que é definida "como todo arranjo físico que tem por resultado, entre dois sistemas, constituir uma concordância biunívoca, a qualquer nível que seja".[22] Tal correspondência lógica de sentido dá lugar à identidade, e não à identificação.

Como dissemos anteriormente, na identificação primária trata-se da incorporação que o eu faz das qualidades do objeto, constituindo o ideal do eu. Sendo assim, o que foi incorporado não foi uma imagem, mas um traço significante, aquele que condensa a presença do Outro; é um traço idealizado que serve para evocar o Outro e que constitui o momento da alienação primordial. Freud o denominou de *einziger Zug*, o traço unário — constituinte dos dois primeiros tipos de identificação —, que Lacan retomou em sua obra para falar sobre a primeira possibilidade de o bebê poder se inserir na linguagem; o traço unário é o ponto de "identificação inaugural do sujeito com o significante radical"[23] e comemora o encontro com o desejo do Outro. O que se dá nesse momento estrutural é a relação entre o apagamento do olhar — angustiante — do Outro e a atribuição de uma significação que assegure ao sujeito a direção que deve seguir para apaziguar a angústia e garantir o amor do Outro. O traço unário é o ponto estrutural mínimo que servirá de suporte para toda a cadeia significante.

O sujeito é evanescente; não se localiza no significante, mas no intervalo *entre dois significantes*. Sua garantia reside apenas nesse traço despersonalizado estrutural mais simples, comum em toda bateria significante de cada sujeito. A originalidade que esse traço porta, em relação a uma série de significantes, é a de ser o que os outros não são, explica Lacan. E aqui articula-se o lugar do sujeito suposto saber e da identificação, pois o próprio sujeito não sabe de si senão pelos significantes advindos do campo do Outro.

O poder da palavra

Alguns exemplos marcantes permitem que se entenda como a sugestão pode atingir uma dimensão inteiramente inesperada, excessiva e até mortífera. Seitas como a do Templo do Povo, comandada por Jim Jones, que em 1978 levou mais de novecentas pessoas, entre adultos e crianças, ao suicídio coletivo, mostram como a abertura do sujeito — fundamentalmente histérico em sua estrutura — à sugestão pode adquirir uma proporção inacreditável. Nesse caso, um discurso paranoico com um delírio sistematizado consistente conseguiu mobilizar a adesão de fiéis, que seguiram Jones sem exercer nenhum discernimento. Isso se dá pela força de indução que um delirante consegue obter junto a sujeitos que, fragilizados por uma sugestionabilidade excessiva, podem ser levados a compartilhar do delírio.

Retratando uma situação extrema, na qual um paranoico consegue envolver pessoas em torno de construções absolutamente delirantes, o filme *O mestre*, de Paul Thomas Anderson, também mostra como a sugestionabilidade, fator estrutural inerente a todo sujeito, pode assumir proporções alarmantes. O marinheiro Freddie Quell, traumatizado de guerra, conhece Lancaster Dodd, figura carismática e líder de uma organização religiosa conhecida como A Causa. Reticente no início, ele se envolve cada vez mais com esse homem e suas ideias — centradas na crença em vidas passadas, cura espiritual e controle de si —, tornando-se dependente desse estilo de vida e das ideias de seu mestre, a ponto de não conseguir mais se dissociar do grupo. É impactante ver como ele se submete a todo tipo de experiências inteiramente despropositadas, pela necessidade de se curvar diante do poder envolvente de Dodd, que o manipula como a uma marionete.

O personagem do mestre, Lancaster Dodd, parece ter sido inspirado na vida de L. Ron Hubbard, que nos anos 1950 fundou a polêmica seita norte-americana denominada cientologia, baseada na fusão delirante de preceitos religiosos com fundamentos pseudocientíficos. Como mostrou o psicanalista Thierry Lamote, a cientologia não deve ser considerada meramente como uma empresa dirigida por um escroque que visa a extrair lucros de incautos: ela é, antes de tudo, o produto de um sistema delirante construído por Hubbard, cuja subjetividade psicótica deixou profundas marcas na organização e na doutrina. Mais espantoso ainda é o fato de que seu delírio "dianético" inspirou-se nos *Estudos sobre a histeria*, escritos por Breuer e Freud, mas numa leitura delirante que preservou justamente apenas a concepção catártica de Breuer — concepção resistente ao inconsciente.[24] Em resumo, a dianética, teoria da potência da mente sobre o corpo, é constituída de alguns axiomas: o primeiro é o imperativo fundamental: "Sobreviva!"; o segundo trata de resolver os problemas relativos à sobrevivência; o terceiro postula que o mental dirige o organismo, a espécie e a vida em seus esforços de sobrevivência; o quarto diz respeito à ideia de que o mental, como o sistema central de direção do corpo, resolve os problemas de sobrevivência; o quinto e último se formula do seguinte modo: "A inteligência é a aptidão de um indivíduo, de um grupo ou de uma raça para resolver os problemas relativos à sobrevivência".[25]

O trágico caso das irmãs Papin, que causou comoção na França em 1932 (e foi retratado no filme *Entre elas*, de Nancy Meckler), é igualmente revelador da ação do delírio, no caso o de uma paranoica sobre sua irmã mais nova. Léa e Christine Papin assassinaram de forma bárbara sua patroa e a filha dela, no que foi inicialmente considerado como um crime de ódio suscitado pela diferença de classes, até que a voz de Lacan se ergueu para dizer que se tratava de um crime tipicamente paranoico, motivado por uma atividade delirante.[26]

Trata-se, nesse caso, do que se chama de *folie* à *deux*, quando um sujeito psicótico (no caso, Christine) impõe a outro (no caso, Léa), histérico — sugestionável e docilmente receptivo — seu delírio. Em geral, trata-se de duas pessoas da mesma família que, tendo se tornado aparentemente duas "mentes siamesas" que partilham as mesmas ideias loucas, têm no fundo estruturas díspares. Através do mecanismo típico do contágio, as ideias delirantes de uma se implantam na razão da outra, com tanto mais facilidade quanto menos são brutais e alucinadas, mantendo-se dentro de um limite verossímil.[27] Não à toa, Henri de Cesbron considerou a *folie* à *deux* como a célula mínima do contágio histérico[28] que é responsável pelas grandes epidemias de histeria, as quais abordaremos adiante. Nela, é produzida a marca de um delirante sobre um sujeito histérico muito sugestionável. Vê-se aqui como é precisa a definição de sugestão bem cedo proposta por Freud, como mencionamos anteriormente.

No creo en las brujas...

Elaine Showalter, uma das mais importantes críticas feministas americanas, que se dedica ao estudo da histeria, destaca o seu caráter cotidiano e como, sendo uma protolinguagem, ela revela o contexto cultural e descreve uma sociedade em determinada época: "a histeria é um distúrbio de imitação; imita expressões de desconforto culturalmente aceitas".[29] Estudiosos das áreas das ciências sociais e humanidades — historiadores sociais, médicos, filósofos, historiadores da arte, críticos literários e antropólogos —, que Showalter chama de *histeriadores*, oferecem contribuições para o conhecimento sobre a histeria, indagando sobre as questões de gênero, cultura e política para entender as noções de corpo e mente, além das novas fronteiras e pontes feitas entre elas, que se reestabelecem em cada período da história.

A histeria atravessou os séculos transmutando sua aparência, sempre referenciada ao discurso dominante: demoníaca e supostamente feiticeira na Idade Média, identificada pelos *estigmatas*;[30] doente mental, no nascimento da psiquiatria, portadora de uma patologia cuja plasticidade fez com que Freud — que chegou a considerá-la *la bête noire* da medicina — dissesse a Jung que ela "é *a* enfermidade, em comparação com a qual todas as outras enfermidades nervosas são apenas raridades".[31] Charles Lasègue, o mesmo que criou no século XIX a noção de *folie* à *deux*, com Jules Falret, pontificou: "A definição da histeria jamais pôde ser dada e jamais o será".[32] O psiquiatra Étienne Trillat, embora tenha acreditado equivocadamente que a histeria desapareceu, para expressar seu caráter extravagante e misterioso chamou-a de "objeto extravagante", "objeto não identificado", "terra incógnita" que utiliza o corpo para manifestar sua presença.[33]

Alguns eventos marcam essa dupla inscrição da histeria ao longo do tempo, e ilustram à perfeição a passagem da idade das sombras à era da ciência. Essa trajetória narra como os histéricos sofreram a influência dos discursos dominantes através das diferentes épocas. Como ponderou com agudeza Charles Melman, "a maneira de tratar a histeria é, sem dúvida, para nós, o índice de uma cultura".[34]

Considerada bruxa e herege pela Igreja católica, a histérica foi queimada viva nas fogueiras da Inquisição, para mais tarde encontrar um lugar de doente mental nos compêndios de psiquiatria. O interesse de Freud por bruxaria e possessão era antigo e se originou de seu contato com Charcot, que deu atenção à natureza histérica das chamadas "demonomanias" medievais e mencionou em suas lições casos de possessão. Em seu necrológio de Charcot, Freud se refere claramente à possessão demoníaca como causa dos fenômenos histéricos na Idade Média e menciona que seu mestre aludia com frequência aos julgamentos de bruxas e casos de possessão a fim de mostrar que "a histeria era idêntica em todos os lugares em todos os tempos".[35]

Na correspondência com Wilhelm Fliess, seu grande interlocutor durante o período em que criou algumas de suas principais concepções psicanalíticas, o tema aparece tratado com fluência e Freud sugere a relação entre o demônio e o pai, assim como fez uma relação entre as crenças medievais sobre feitiçaria e o erotismo anal. Em 17 de janeiro de 1897, numa carta em que se revelava eufórico com algumas descobertas, Freud ponderou:

> Você se lembra de que eu sempre disse que a teoria medieval da possessão, sustentada pelos tribunais eclesiásticos, era idêntica à

nossa teoria de um corpo estranho e da divisão da consciência? Mas por que será que o demônio que se apossava das pobrezinhas invariavelmente abusava delas sexualmente, e de maneira repugnante? Por que é que as confissões delas, mediante tortura, são tão semelhantes às comunicações feitas por meus pacientes em tratamento psíquico?[36]

Na carta subsequente, de 24 de janeiro, Freud prosseguiu com *insights* efusivos e espirituosos:

A ideia de trazer à cena as bruxas está ganhando força. Penso que é também apropriada. Começam a surgir detalhes em profusão. O "voo" delas está explicado: a vassoura que montam é, provavelmente, o grande Senhor Pênis. As reuniões secretas, com danças e divertimentos, podem ser vistas a qualquer momento nas ruas onde as crianças brincam. Um dia desses, li que o ouro que o demônio dá a suas vítimas costuma transformar-se em fezes. Na história das bruxas, portanto, ele é meramente retransformado na substância de que se originou. Ah, se eu soubesse por que o sêmen do diabo é sempre descrito como "gelado" nas confissões das bruxas! Encomendei o *Malleus maleficarum* e vou estudá-lo com afinco. A história do demônio, o vocabulário dos palavrões populares, as cantigas de roda e costumes da infância — tudo isso vai agora adquirindo significado para mim.[37]

Em 27 de janeiro de 1909, o editor vienense Hugo Heller, fez uma exposição sobre a história do demônio na Sociedade

Psicanalítica de Viena, da qual era membro. Após sua exposição, que se restringiu a apresentar a obra *História do diabo*,
de Gustav Roskoff, Freud fez muitos comentários sugestivos:
o diabo personifica as pulsões inconscientes e recalcadas, os
componentes sexuais recalcados do homem, e isso nos míni-
mos detalhes, inclusive o erotismo anal. Chamou a atenção
para o fato de que a personalidade do diabo, por excelência
masculina, possui diferentes origens e é tão complexa quanto
a criação de um sonho; nela se pode ver uma fantasia coletiva
construída segundo o modelo do delírio paranoico. Por fim,
ele discordou da posição "um pouco ortodoxa demais" de seu
aluno Isidoro Sadger, que localizava no diabo e na feiticeira
o pai e a mãe.[38]

O tema do diabo retornaria na pena de Freud muitos anos
depois. A análise da história do pintor Christoph Haizmann,
que viveu no século XVII, é bastante ilustrativa da maneira
pela qual a histeria esteve relacionada durante séculos a um
dos mais potentes símbolos religiosos, no caso o demônio. O
título do ensaio, "Uma neurose demoníaca do século XVII", já
é bastante significativo, e a análise de Freud revela que o pacto
com o demônio feito pelo pintor era uma fantasia neurótica
relacionada ao pai. Freud recorda novamente o fato de que
Charcot identificara manifestações de histeria nas pinturas que
retratam cenas de possessão e êxtase que foram preservadas.
Porém mais interessante ainda é sua observação percuciente
de que "as neuroses de nossos pouco psicológicos dias de hoje
assumem um aspecto hipocondríaco e aparecem disfarçadas

como enfermidades orgânicas, as neuroses daqueles tempos antigos surgem em trajes demoníacos".[39]

A passagem temporal que Freud indica aqui é precisamente aquela da era da religião para a era da ciência, mostrando que a posição interrogativa assumida pelo sujeito histérico se altera em função do discurso dominante de uma época. Lacan formulou isso em sua teoria dos discursos dizendo que a histérica se dirige ao mestre (S_1, significante-mestre) para que ele produza saber (S_2). Voltaremos a ela mais adiante, mas por ora cabe ressaltar que a ideia de *disfarce* oferece uma conotação singular à argumentação freudiana e implica a verdadeira necessidade de assumir uma feição que faça sentido, na cultura que for, para questionar o discurso dominante. Como se se tratasse de um verdadeiro *dress code*: vestir um traje que seja adequado a uma festa para a qual, contudo, se elabora um vigoroso ultraje!

Loucura histérica

A entrada do polimorfismo histérico no discurso psiquiátrico introduziu uma nova e interessante interrogação clínica no campo do diagnóstico: histeria ou psicose? Trata-se da noção clássica de *loucura histérica*, que se refere a quadros de histeria grave, portanto de neurose, que colocam às vezes dificuldades diagnósticas acentuadas. A loucura histérica foi denominada por alguns autores, inclusive Freud, de *psicose histérica*, sintagma hoje considerado inadequado, pois apaga a distinção entre neurose e psicose.

É preciso notar que muito rapidamente se produziu na psiquiatria um apagamento do quadro de loucura histérica quando, em 1911, o psiquiatra Eugen Bleuler, diretor do Hospital Psiquiátrico Burghölzli, em Zurique, publicou sua obra *Demência precoce, ou O grupo das esquizofrenias*, na qual introduziu a concepção da esquizofrenia como uma forma clínica das psicoses, com seus quatro tipos diferentes: simples, hebefrênica, catatônica e paranoide. Bleuler foi de fato o primeiro teórico da psiquiatria que buscou conjugar o saber psiquiátrico com a razão psicanalítica então florescente, que lhe foi apresentada por Carl Gustav Jung, seu assistente no famoso hospital suíço. Já em 1910, Bleuler redigiu um artigo denominado "A psicanálise de Freud: uma defesa e algumas observações críticas", sobre o qual Freud ressaltou com insatisfação que foi

complacente demais com os defeitos dos inimigos da psicanálise e muito severo com as falhas de seus partidários. Essa característica do artigo talvez explique por que o parecer público de um psiquiatra de tamanha reputação, de capacidade e independência tão indiscutíveis, não teve uma influência maior sobre seus colegas.[40]

Percebendo imediatamente a ambivalência de Bleuler em relação à psicanálise, que se revelaria claramente a partir de 1913, quando ele escreveu o artigo "Crítica da teoria freudiana",

Freud ponderou com aguda ironia e discernimento psica-analítico: "Não deveria surpreender ao autor de 'Afetividade' (1906) que a influência de uma obra seja determinada não pelo peso dos argumentos, mas por seu tom emocional".[41] A resistência de Bleuler à psicanálise e à teoria da sexualidade, que nela ocupa um lugar central, pode ser avaliada quando se sabe que foi ele quem cunhou o termo "autismo", hoje utilizado universalmente, ao suprimir da noção freudiana de autoerotismo o radical *eros*.

Contudo, sua concepção sobre a esquizofrenia (que veio substituir na nosologia psiquiátrica da época a demência precoce, introduzida por Emil Kraepelin) adquiriu reconhe-cimento universal na psiquiatria e se instalou rapidamente também na psicanálise, embora Freud não gostasse do termo "esquizofrenia", por considerar que a *esquize* — "divisão", em grego — não era apanágio da psicose e sim da estrutura do sujeito como tal. O termo "parafrenia", proposto por Freud para substituir esquizofrenia e fazer um dueto com a paranoia, foi de fato uma das poucas inovações introduzidas por ele que não foi entronizada pelos especialistas.

Com a introdução do quadro clínico da esquizofrenia, tudo se passou como se a nova nomenclatura pudesse açambarcar, tal qual um buraco negro que tudo engole ao seu redor, uma série de outros quadros clínicos que faziam parte da nosografia psiquiátrica até então. O mais relevante de todos esses desa-parecimentos parece ter sido o quadro de loucura histérica, que de fato, como marcamos, coloca para a clínica questões muitas vezes complexas sobre o diagnóstico diferencial entre neurose e psicose.

Contudo, essa distinção conceitual entre loucura histérica e psicose adquiriu contornos nítidos com a teoria lacaniana, na qual a concepção de três registros psíquicos heterogêneos, porém articulados — real, simbólico, imaginário —, permitiu estabelecer a diferença entre fenômeno e estrutura clínica: os mesmos fenômenos podem estar presentes em estruturas diferentes. Logo, o diagnóstico estrutural deve prevalecer sobre o fenomenológico.[42] Uma rápida visão desse estado de coisas permite situar esse problema com precisão.

Já na primeira metade do século XIX, Philippe Pinel e seu discípulo Jean-Étienne Esquirol observaram a ocorrência de episódios delirantes em quadros de histeria, sempre como elementos sintomáticos secundários. Em 1859, Paul Briquet assinalou a ocorrência do delírio como fator preponderante em alguns casos. Posteriormente, Jacques Moreau de Tours, aluno de Esquirol, fez uma analogia entre os delírios histéricos, os delírios tóxicos e os sonhos, definindo os primeiros como "alucinações vividas de forma dramática"; para ele, tratava-se de um "estado de desvario", acompanhado por atos e palavras incoerentes e perda do contato com o mundo externo. Nessa época, Wilhelm Griesenger descreveu na psiquiatria alemã a forma crônica da loucura histérica como uma das possibilidades evolutivas da histeria. No quadro denominado de "grande histeria", o próprio Charcot isolou quatro fases no ataque histérico completo: epileptoide, dos grandes movimentos, das atitudes passionais (na qual prevalecem as alucinações) e terminal ou do delírio. Cada uma das variedades de tipo clínico histérico estaria relacionada a uma das fases, sendo que a última é a que define para ele a variedade delirante da histeria. Na produção do diagnóstico diferencial entre loucura histérica e psicose, a noção de delírio histérico pode desempenhar um papel importante. Mas qual a sua composição? Como distingui-lo do delírio psicótico?

Uma das características da teoria psicanalítica é sua relação estreita com a tradição psiquiátrica. Mais essencialmente, hoje é a psicanálise de orientação lacaniana que mantém vivo o saber psiquiátrico clássico, desenvolvido por várias gerações de psiquiatras. Não é anódino o fato de que o total desaparecimento do quadro clínico de "loucura histérica" na nomenclatura psiquiátrica só tenha sido de fato notado a partir dos anos 1970, quando o psiquiatra e psicanalista de orientação lacaniana Jean-Claude Maleval começou a publicar artigos sobre o tema.[43] Mas, já em 1961, Swen Follin e Jacques Chazaud publicaram na revista *L'Évolution Psychiatrique* um artigo que se tornou célebre sobre "Casos clínicos de psicoses histéricas". Seu próprio título já colocava uma questão diagnóstica importante: é possível sofrer ao mesmo tempo de psicose e de histeria? Não se trata de duas dimensões clínicas absolutamente distintas?

Como ressaltaram David Allen e Dany Nobus,[44] é a noção frequentemente utilizada pelos antigos de "perda de realidade" — aliás, abordada por Freud reiteradamente, em momentos cruciais de sua obra — que responde por essa dificuldade diagnóstica. Aluno de Bleuler, o psiquiatra francês Eugène Minkowski asseverou que todos os distúrbios da esquizofrenia parecem convergir para uma única noção: a de perda do contato vital com a realidade.

Em 1924, Freud escreveu dois artigos fundamentais, "Neurose e psicose" e "A perda da realidade na neurose e na psicose", nos quais enuncia pela primeira vez, em toda a sua obra, uma elaboração teórica consistente sobre a diferença entre neurose e psicose, na qual essa noção de perda da realidade é considerada do ponto de vista da psicanálise. Se no primeiro artigo ele afirmou que há perda da realidade apenas na psicose, no segundo, escrito alguns meses depois, assinalou que há perda de realidade tanto na neurose quanto na psicose. Trata-se apenas de saber distinguir as formas diversas em que esta perda se produz — assim Freud chega à distinção entre fantasia e delírio como correlatas da estrutura neurótica e da estrutura psicótica. Na neurose, há igualmente uma perda da realidade, na medida em que o neurótico fantasia continuamente e seu aparelho psíquico é regido pelo princípio de prazer que essa produção fantasística agencia. Na psicose, é o delírio que surge como resposta à perda da realidade. A diferença, então, diz respeito ao fato de que o delírio invade toda a vida do sujeito, ao passo que a fantasia não — ela media a relação do sujeito com o objeto do desejo.

Mas essa distinção entre delírio e fantasia, bastante nítida em muitos casos, pode ficar esmaecida ou mesmo totalmente borrada em outros, quando é quase impossível se decidir por um dos dois. É o caso, por exemplo, da crença religiosa, em relação à qual Freud utiliza com alguma frequência o sintagma "fantasia delirante", categoria que contempla os dois polos sem possibilidade de escolha de um deles. A crença é uma fantasia que se configura, no coletivo, como um delírio compartilhado.

O mais relevante é depreender que fantasia e delírio desempenham a mesma função no aparelho psíquico. Na neurose, a fantasia constitui uma barreira protetora em relação ao real, ao não sentido da inexistência da relação sexual; por isso, ela se apresenta como fantasia de relação sexual. Já na psicose a falha estrutural diz respeito precisamente a essa falta de inscrição da fantasia fundamental (noção lacaniana baseada na teoria freudiana da fantasia), efeito do fracasso do recalque originário, como matriz do aparelho psíquico, e assim o delírio é o que vem tentar preencher essa falha.[45] O delírio será tão mais eficaz para fazer as vezes da fantasia fundamental inexistente quanto mais ele se estruturar — a noção de *delírio sistematizado* da psiquiatria clássica. Suas manifestações mais eminentes opõem tradicionalmente, na psiquiatria, a paranoia (em que ele se mostra sistematizado) à esquizofrenia (em que é não sistematizado). No primeiro caso, o imaginário é dominante e o eu do paranoico se torna tão rígido quanto o seu discurso, no qual tudo tem sentido; no segundo caso, a dimensão do real da estrutura é prevalente, e os efeitos se manifestam tanto no corpo despedaçado do esquizofrênico quanto na sua construção delirante falha e sem sentido.

Delírios sistematizados são delírios bem organizados, com histórias ricas e consistentes, e que preservam ao longo do tempo seus conteúdos e detalhes. Delírios não sistematizados são aqueles que não possuem uma concatenação de sentido e cujos conteúdo e detalhes variam de um momento para outro. Na paranoia, a linguagem surge embebida de sentido e o delírio do sujeito paranoico reveste sempre de muito sentido tudo o que ocorre à sua volta. Nada fica sem uma explicação, nada é da ordem do real. Na esquizofrenia, a produção delirante é claramente não sistematizada e a linguagem do esquizofrênico, com suas frases interrompidas e para-respostas, é atravessada pelo não sentido do real; é uma linguagem com frequência ininteligível, que apresenta brancos e vazios, neologismos semânticos (atribuição de um significado pessoal a palavras existentes) e lexicais (criação de palavras inteiramente novas), que esburacam continuamente o sentido de sua fala.

A teoria lacaniana do real, simbólico e imaginário dá inteligibilidade a estas manifestações de cunho clínico. Podemos definir esses três registros criados por Lacan em 1953 de forma simples, indicando a relação que cada um deles mantém com o sentido: o real é o não-sentido; o simbólico é o duplo sentido; o imaginário é o sentido enquanto tal, isto é, o sentido único, fechado.[46]

Os trabalhos de Helen Deutsch sobre o que ela denominou de "personalidades como se" são extremamente ricos para se entender, através de casos clínicos muito bem descritos, como certos pacientes chamados de pré-psicóticos, que não se pode considerar nem psicóticos, nem neuróticos — os quais são frequentemente denominados de *borderlines* pela psiquiatria atual e pela Escola Inglesa de psicanálise —, são de fato psicóticos estabilizados pelo imaginário, por identificações imaginárias que podem, com facilidade, fazê-los ser confundidos com sujeitos histéricos.[47] No seminário sobre as psicoses, Lacan valorizou enormemente os trabalhos de Deutsch[48] para refletir sobre as consequências clínicas e diagnósticas de sua teoria sobre o real, simbólico e imaginário: na falta do significante que faz com que o simbólico opere como tal, o psicótico tende a se estabilizar pelo imaginário, no caso das paranoias e psicoses não desencadeadas, o que pode não ocorrer no caso das esquizofrenias.[49]

Do ponto de vista da casuística clínica, duas histórias célebres podem servir para abordarmos a questão do diagnóstico diferencial entre psicose e loucura histérica: a da psicanalista russa Sabina Spielrein e a do bailarino que foi considerado um verdadeiro deus da dança Vaslav Nijinsky. Sabina foi inicialmente diagnosticada por Jung com o quadro ambíguo de "histeria psicótica"[50] e, posteriormente, ficou claro que se tratava de um caso de histeria. Como pondera com agudeza a psicanalista Renata Udler Cromberg,

> ora diagnosticada como esquizofrênica, ora como psicose histérica, ora como histérica com fortes traços esquizoides, levando também em conta sua produção teórica em torno do amor e da feminilidade podemos dizer que o caso Spielrein estimula uma rica discussão do que é a loucura feminina aos olhos masculinos, o que é sofrimento histérico e o que é sofrimento esquizofrênico.[51]

Sua história pôde ser reconstruída em grande parte devido ao dossiê, encontrado em 1980 pelo psicanalista italiano Aldo Carotenutto,[52] que continha muitas informações sobre o "caso Sabina Spielrein", chamado por Jung de seu "caso padrão". Desde então, o interesse dos psicanalistas pela vida e obra de Spielrein foi crescente e passou-se a dar relevo a suas reflexões pioneiras sobre a categoria de "destruição", introduzida em seu artigo de 1912 "A destruição como origem do devir".[53] Nele, Spielrein interroga *avant la lettre* (Freud somente o fará em 1920) se não haveria no psiquismo uma força mais profunda e oposta à dominância do princípio de prazer. Como sublinha a psicanalista Júlia Leite, a hipótese de Spielrein é que "algo no seio da sexualidade se dirige à morte, constituindo uma 'tendência' mais poderosa".[54] Spielrein concluirá que, se na histeria há uma hipertrofia do eu, na esquizofrenia o eu está fragmentado.

Considerada uma criança com uma profusa imaginação, Sabina Spielrein desenvolveu já na infância angústias noturnas e uma fobia em decorrência de uma alucinação. Aos dezoito anos de idade, teve depressão, com crises que oscilavam entre lágrimas, risos e convulsões, e um ano depois foi internada em Zurique, no Hospital Psiquiátrico Burghölzli, com um surto psicótico. Foi com Jung que recebeu o diagnóstico de histeria e teve todos os seus sintomas curados, mas uma forte paixão entre o terapeuta e a paciente comprometeu seu tratamento. Em 1911, defendeu sua tese sobre esquizofrenia e, no ano seguinte, após romper com Jung e ser considerada curada de seu episódio psicótico, casou-se e engravidou.

Quanto a Nijinsky, tratado como esquizofrênico incurável por seu médico Eugen Bleuler, que o internou não sem antes aconselhar sua mulher a se divorciar dele, apresentava uma desorganização psíquica de aparência psicótica num quadro que pode ser considerado de loucura histérica. As circunstâncias que envolveram a ruptura abrupta da relação amorosa passional entre o bailarino e Serguei Diaghilev — seu companheiro, além de coreógrafo e diretor da mais importante companhia de balé de sua época, os Ballets Russes — se revelam fortemente traumáticas e passíveis de produzir uma tal desorganização psíquica de aparência psicótica.[55]

Nijinsky escreveu um diário, publicado inicialmente em edição expurgada e mais tarde numa edição integral,[56] no qual deixou registradas muitas de suas impressões, que servem de excelente material para análise. Além disso, há diversos relatos e testemunhos de amigos e colegas do dançarino, e uma biografia escrita pelo psiquiatra Peter Ostwald, que pesquisou seu historial clínico e, embora conclua por um diagnóstico *"patchwork"* de "distúrbio esquizoafetivo numa personalidade narcísica", não deixou de sublinhar a estranheza em relação ao fato de ele ter sido diagnosticado como esquizofrênico: "Os dossiês médicos de Nijinsky mostram que, contrariamente aos esquizofrênicos, que fogem dos outros e detestam qualquer contato humano, ele buscava por diversas vezes chamar a atenção e a reação das pessoas".[57] Pode-se questionar se o diagnóstico de Nijinsky não seria, na verdade, um caso de loucura histérica, quadro clínico que, como vimos, desapareceu abruptamente quando Bleuler introduziu a categoria nosológica da esquizofrenia.

A vida homossexual de Nijinsky se iniciara cedo, quando, em 1908, aos dezenove anos, se tornou amante do príncipe Pavel Dimitrievitch Lvov, que ajudou sua família, introduziu-o nos círculos aristocráticos e artísticos, pagou suas lições de dança com Enrico Cechetti e lhe dava uma vida de luxo e conforto. Posteriormente, Nijinsky conheceu Serguei Diaghilev, de quem se tornou companheiro e com quem se faria a grande estrela dos Ballets Russes. Em agosto de 1913, no entanto, numa turnê na América Latina, Nijinsky casou-se precipitadamente com Romola de Pulszky, a quem conhecera um mês antes. Tal casamento revela-se, é claro, sumamente impulsivo, uma passagem ao ato na qual o sujeito se acha abolido em sua capacidade de decisão consciente.

Uma hipótese que não foi feita até hoje por aqueles que se debruçaram sobre esse episódio enigmático é a de que esse casamento tenha sido movido por uma posição subjetiva de homofobia internalizada de Nijinsky,[58] que pode ter sido acentuada pelo caráter bastante conflituoso e provavelmente insatisfatório da relação com Diaghilev. Seu casamento com Romola seria, nesse caso, uma verdadeira fuga da própria homossexualidade, a qual até então dominara sua vida sexual e afetiva. Sendo assim, somos levados a supor que a negação violenta que ele próprio infligiu à sua sexualidade teria desencadeado o estado de confusão mental do qual ele nunca mais se recuperou. Não foi à toa que Freud afirmou: "Também é preciso lembrar que muita gente sucumbiu à enfermidade justamente por causa do esforço que lhe custou a sublimação de suas pulsões, que foi maior do que a sua capacidade".[59]

3. Histeria e estrutura

> A histérica é um sujeito dividido, dito de outro modo, é o inconsciente em exercício, que põe o mestre contra a parede de produzir um saber.
>
> JACQUES LACAN

A SEXUALIDADE ESTÁ NA BASE da teoria freudiana do inconsciente e da abordagem clínica da histeria. Mas de que modo? Duas diferentes teorias foram propostas por Freud, e a segunda destituiu a primeira de seu valor.

Pulsão, fantasia e sintoma

Inicialmente, Freud concebeu o quadro histérico como decorrente de uma situação sexual traumática: a vivência de sedução sexual experimentada passivamente pelas pacientes era a fonte do sofrimento e do desequilíbrio psíquico; mas posteriormente, quando se deu conta da nítida dimensão fantasística da narrativa de suas pacientes, sua visão mudou de um polo a outro: os sintomas histéricos são o produto de fantasias inconscientes, estas mesmas um efeito da busca de satisfação pulsional sexual — busca negada pela própria paciente através do mecanismo do recalque.[1]

Pulsão, fantasia e sintoma são os três elementos que, somados, levaram Freud a essa nova concepção, considerada a base teórica mais profunda da psicanálise, pois efetua uma torsão considerável na genealogia da histeria: se na primeira teoria o trauma sexual implicava a ação externa de um outro perverso, que assume o papel desencadeador da quebra da homeostase psíquica do paciente, na segunda o próprio sujeito é quem formula representações fantasísticas que, por serem inaceitáveis para ele, serão responsáveis pelos sintomas. Nesse sentido, Freud afirmou que "todo aquele que estuda a histeria vê seu interesse ser deslocado dos sintomas para as fantasias".[2]

A sexualidade, com sua intensidade corporal — associada à falta de inscrição da diferença sexual no inconsciente —, é sempre excessiva e inassimilável pelo aparelho psíquico. Lacan introduz um neologismo bem-humorado para falar disso: o *troumatisme*, palavra-valise que associa o furo (*trou*) com o trauma (*traumatisme*).

Freud definiu a mudança da primeira para a segunda teoria de forma pungente: trata-se da passagem da noção de um trauma sexual para a concepção do sexo como sendo ele próprio traumático — o que levou Lacan a falar da noção do trauma como contingencial.[3] A fantasia inconsciente é, portanto, a explicitação de que há algo traumático inerente à própria sexualidade e, logo, o trauma é contingencial, não há como ele não ocorrer. Trata-se aqui do real inerente ao pulsional, do inassimilável inerente à sexualidade, com sua intensidade e excesso.

Explicitando essa reviravolta teórica em termos lacanianos, digamos que Freud abandonou a causalidade de uma realidade traumática extrínseca ao sujeito e introduziu a dimensão do real, representado pela própria pulsão, com sua fonte corporal, sua força constante, seu objeto inespecífico e sua busca imperativa de satisfação. A sexualidade é apresentada então em toda sua potência: sua intensidade de caráter excessivo e avesso à representação simbólica.

Freud descobre que o sintoma histérico possui um sentido inconsciente, singular, que é desvelado na análise, pois o sujeito histérico põe em cena em seus sintomas algumas metáforas. Na histeria subjaz um relato para quem puder escutá-la, alguém que ocupe um lugar de saber vigente à época e que lhe atribua um nome ou uma narrativa, pois ela aciona as metáforas relativas ao desconforto cultural contemporâneo.

Podemos dizer que na histeria todo o corpo é sexualizado, exceto o próprio sexo. Desse modo, os sintomas são frequentemente corporais, mas não obedecem à anatomia e sim ao significante inconsciente.

Freud já havia sublinhado o paradoxo da posição histérica em relação à sexualidade: uma grande necessidade sexual aliada a uma profunda aversão ao sexo. Mais precisamente, observa-se no histérico a erotização acentuada do corpo e a anestesia dos órgãos genitais. Essa estrutura ambígua é responsável pelos sintomas que representam a atividade sexual do sujeito através do intenso fantasiar histérico. No relato clínico mais importante que redigiu sobre histeria afirmou: "Tomo por histérica, sem hesitação, qualquer pessoa em quem uma ocasião de excitação sexual provoque predominante ou exclusivamente sentimentos de desprazer e nojo, quer essa pessoa apresente ou não sintomas somáticos".[4] Ao mesmo tempo que seduz, o histérico foge da relação sexual. Numa fórmula que resume tudo, o psicanalista Juan-David Nasio afirmou que "a histérica se oferece, mas não se entrega".[5] Ela parece estar mais interessada em suscitar o desejo e em se fazer amar do que em obter o gozo de seu resultado.

Histeria e bissexualidade: a estrutura

Já em uma das primeiras análises que realizou, o famoso caso Dora, Freud apreendeu a estrutura do sujeito e da histeria: ela é constituída de fantasias de desejo, atravessadas pela bissexualidade estrutural que se enuncia através da questão cuja resposta se revela, no fundo, impossível: sou homem ou mulher? Num artigo escrito durante o período que denominamos de "ciclo da fantasia",[6] em que se dedicou a estudar em profundidade a fantasia em todas as suas manifestações, Freud destacou a onipresença da fantasia bissexual na gênese dos sintomas histéricos. Tudo se passa como se a bissexualidade inerente à estrutura do sujeito tivesse encontrado uma forma privilegiada de manifestação dentro do quadro das interrogações histéricas sobre a sexualidade. Freud descreve duas correntes sexuais, homo e heterossexual, que se conjugam de formas variadas nas fantasias neuróticas:

> A natureza bissexual dos sintomas histéricos, que pode ser demonstrada em numerosos casos, constitui uma interessante confirmação da minha concepção de que, na análise dos psiconeuróticos, se evidencia de modo especialmente claro a pressuposta exigência de uma disposição bissexual inata no ser humano.[7]

Embora não mencione o esforço bem-sucedido que Freud fez para se desvencilhar das teorias de Fliess sobre a bissexualidade biológica e concebê-la como psicológica, Robert Stoller foi preciso ao afirmar que "a bissexualidade deve ser sempre utilizada como tema central para a compreensão da psicologia humana" e ao localizar na bissexualidade psíquica o referente teórico do qual emana uma série de questões da sexualidade: a homossexualidade latente; o prazer no coito homo e heterossexual; a identificação com aspectos do sexo oposto; o comportamento não erótico de gênero cruzado, como o caráter efeminado do homem; a amizade.[8]

Entender o alcance do conceito de bissexualidade para Freud é essencial para não o confundir com noções vagas sobre a suposta existência, difundida pelo senso comum, de uma "porção masculina" e uma "porção feminina". Bissexualidade tem a ver estritamente com a dupla escolha de objeto dos sujeitos, estrutural porque tributária da dupla face do percurso edípico:

toda criança tem sentimentos e desejos ligados a ambos os sexos, embora suas correntes de investimento sexual sejam, em geral, constituídas por forças que tendem a incidir mais sobre um dos polos, masculino ou feminino.

A subversão ocasionada pela entrada na linguagem faz com que o ser humano sofra da ausência de orientação natural em direção ao par sexual: a pulsão, conceito fronteiriço entre o somático e o psíquico, que Freud concebe para dar conta da perda do instinto, tem como característica principal a inespecificidade de seu objeto de satisfação, podendo inclusive abranger alguns objetos nada comuns, como mostra o fetichismo, no qual o sujeito obtém prazer sexual exclusivamente ao contato com um objeto inanimado, uma peça de vestimenta por exemplo. Assim, para Freud a bissexualidade é estrutural, e todo sujeito apresenta em sua organização libidinal investimentos eróticos em objetos de ambos os sexos. Por essa razão ele sempre falou de homossexualidade latente e manifesta, significando com isso que todo sujeito heterossexual apresenta investimentos eróticos homossexuais inconscientes, os quais podem comparecer de forma consciente em algum momento da vida. Ademais, Freud localizou na vida cotidiana os rastros dos investimentos homossexuais sublimados na amizade e no convívio frequente e intenso entre pessoas do mesmo sexo. O processo inverso pode ser igualmente observado nas pessoas homossexuais.

O psicanalista libanês Chawki Azouri chamou a atenção para a vertente defensiva da histeria, a tendência a produzir sintomas somáticos e "encarregar o corpo de expressar em seu lugar a questão não assumida de sua identidade sexual".[9] Já a vertente ofensiva diz respeito ao modo pelo qual, desafiando o saber médico com seus sintomas, a histeria se insurge falicamente contra o poder do homem. Como sublinha Azouri, atrelando o masculino e o feminino respectivamente à atividade e à passividade a histérica recusa a passividade que ela acredita necessária para ser mulher, e, logo, assumindo uma postura ativa, "banca o homem" para o próprio homem. O efeito tragicômico será o "impossível da relação sexual" — enunciado por Lacan para mostrar a ausência de complementaridade entre homem e mulher — se manifestar através do dueto entre frigidez e impotência: o descompasso entre a "hora do marido", que a procura sexualmente e não é atendido quando *ele* quer, e a hora dela, à qual o marido responde com impotência, pois vivencia sua ereção como "uma ordem dada por sua mulher".[10]

Tudo indica, assim, que a histérica aposta no amor mais do que no desejo para curar sua frigidez e sua insatisfação: "Amada, a histérica pode aceitar que uma parte de seu corpo seja desejada, que seu corpo contenha o objeto que causa o desejo do outro".[11] Se o homem a trata como um objeto faltoso que ele pode preencher — dicotomia pênis/vagina —, ela denunciará sua impostura de querer preenchê-la com algo que ele tem. Já no amor não se trata de preencher o outro com o que se tem, pois, como definiu Lacan, o amor é "dar o que não se tem".[12]

Em alguns casos de mulheres transexuais, também é digno de nota que o sujeito não dá importância ao prazer proporcionado pelo sexo, haja vista que as cirurgias de transgenitalização mais avançadas podem se revelar insuficientes na preservação da inervação e da sensibilidade erótica do novo sexo, assim como o uso de hormônios femininos causa intensa diminuição da libido.[13] Seria demasiado pensar que o destaque posto na aquisição da imagem do outro sexo pelo transexual tem como efeito a supervalorização do plano amoroso em detrimento do sexual? O sentido, essencialmente imaginário, se traduz por ênfase no amor e desprezo pelo real pulsional.

Nossa trilogia sobre sexualidade contemporânea, da qual este livro faz parte, iniciou-se justamente com um volume sobre transexualidade e se encerrará com um sobre bissexualidade.

Histeria e ciência

Tudo se passa como se a histérica se deslocasse, através dos anos, sempre antenada e referida ao discurso dominante de sua época. Esse deslocamento evidencia a posição que a histérica adota em relação ao saber do mestre: ela está sempre próxima dele, segue-o de perto e, se o faz, é na medida em que insiste em colocar uma pergunta crucial que a move: sou homem ou mulher? Como resumiu com pertinência Chawki Azouri,

> sem a histeria, a psicanálise não teria visto a luz do dia. Com a histeria a psicanálise continua a aprender. Se Freud extraiu seus

conceitos teóricos do desejo da histérica, ela cuida para que esses conceitos não possam jamais aprisioná-la, estigmatizá-la. Ela toma conta para que o discurso da psicanálise não se transforme num discurso de mestria, como o da medicina. Ela lembra constantemente ao analista que a teoria analítica não deve servir de grade onde ele poderia prendê-la. E, se o analista tentar fazê-lo, a histérica escapa dele, seja desafiando seu saber, seja interrompendo o tratamento.[14]

Como sublinhou a psicanalista Diane Chauvelot, "a histeria deve ser considerada como estrutura, não como doença. Enquanto tal, ela é um efeito da estrutura do inconsciente, ele mesmo dependente da linguagem: na medida em que somos seres falantes, nosso inconsciente se envelopa com uma estrutura histérica".[15] Todo sujeito falante, porque falante, é histérico: esse é o mistério da histeria, talvez incompreensível fora do campo da psicanálise — a histeria é a "língua de base" do sujeito falante.[16]

Sem dúvida alguma, Freud afirma tal posição basal da histeria ao sublinhar, logo na introdução do histórico clínico do Homem dos Ratos, que a neurose obsessiva é um dialeto da histeria:

Uma neurose obsessiva não é, em si, algo fácil de compreender — é muito menos fácil do que um caso de histeria. Na realidade, o fato é que esperaríamos achar o contrário. A linguagem de uma neurose obsessiva, ou seja, os meios pelos quais ela expressa seus pensamentos secretos, presume-se ser apenas um dialeto da linguagem da histeria; é, porém, um dialeto a respeito do qual teríamos de poder nos orientarmos com mais facilidade, de vez que se refere com mais proximidade às formas de expressão adotadas pelo nosso pensamento consciente do que a linguagem da histeria. Sobretudo, não implica o salto de um processo mental para uma inervação somática — conversão histérica — que jamais nos pode ser totalmente compreensível.[17]

Em nossa época dominada pelo discurso da ciência, na qual a medicina se orienta cada vez mais pelos procedimentos tecnocientíficos mais avançados, a histeria fica sem lugar ou é simplesmente relegada ao plano da loucura. De fato, a ciência não admite que o sintoma histérico não seja "localizável no campo da doença nem no do acidente, mas na estrutura onde concerne a todos".[18] Lacan estabeleceu o matema do discurso da histérica (ou do histérico) para situar nele a estrutura discursiva em que o sujeito, produzido originariamente pelo discurso do mestre — no qual ele é alienado nos significantes do Outro —,[19] interroga o saber sobre a diferença sexual. A binaridade significante (S_1 — S_2), que reparte o campo do sexual em dois sexos absolutamente distintos, homem e mulher, é interrogada pelo histérico a partir daquilo que é impossível de ser apreendido pelo significante: o objeto *a*. Dito de outro modo, a sintomatologia histérica nos confronta com o impossível da relação sexual, ou seja, com o real da estrutura. A fantasia tem como função velar esse real através de sua estrutura simbólico-imaginária, mas tal velamento fracassa e o sintoma o comprova.

Se o desejo é desejo do Outro, a posição do histérico é homóloga à estrutura mesma do sujeito. Decerto, foi nesse sentido que Lacan afirmou que "na psicanálise, a histérica se cura de tudo, exceto de sua histeria"![20] Constituído pelos significantes do Outro, indefectivelmente alienado a eles, o sujeito não é, entretanto, passível de ser inteiramente representado por esses significantes que o fundaram como tal. A histeria interroga a legitimidade desses significantes fundadores e, para fazê-lo, não poupa o Outro de ser invectivado de todas as maneiras, ainda que pague muitas vezes um elevado preço por isso. Sendo assim, podemos fazer a correlação entre os dois primeiros tipos de identificação trabalhados no capítulo anterior, porque, se no primeiro há a incorporação do traço unário que funda o ideal do eu e opera como o *um* de uma série, no segundo temos a insistência do investimento nesse traço ao longo da vida por parte do sujeito na busca de seu ideal. Retomaremos essa discussão adiante para falar das epidemias de histeria.

Em seus famosos estudos de tipologia, o psiquiatra Ernst Kretschmer nomeou como "intrigante refinada" o tipo de personalidade que muitas vezes chamamos de caráter histérico. Se opusermos a intrassubjetividade obsessiva à intersubjetividade histérica, cabe a pergunta: será a intriga — o que chamamos em linguagem coloquial de fofoca — igualmente estrutural, tal como o sujeito histérico?[21]

A posição francamente investigativa do sujeito histérico foi apontada por Freud de modo decisivo ao falar das teorias sexuais infantis: a criança é uma pesquisadora que cria teorias sobre a sexualidade, e é claro que se ela o faz é porque falta-lhe o saber instintual sobre o sexo! Num breve artigo que reúne descobertas conquistadas na análise de crianças, em especial na análise do pequeno Hans, Freud enumera os "conceitos"[22] e as teorias que as crianças constroem ao se deparar com a diferença sexual anatômica.

Movida pela curiosidade infantil, pelo desejo de saber e especialmente pelo ciúme diante do nascimento de um irmãozinho, a criança formula muito cedo a questão sobre a origem dos bebês. As respostas que ela fornece a essa pergunta são verdadeiras "teorias sexuais" que tentam dar conta do caráter enigmático da diferença sexual e da reprodução. A universalidade do pênis é a primeira delas e decorre da importância atribuída pela criança a esse órgão que é uma intensa fonte de prazer masturbatório; a teoria do nascimento por via anal é sua consequência imediata. No caso das meninas, o clitóris desenvolve o mesmo papel.

A criança entra no mundo simbólico através das indagações irrespondíveis colocadas pela sexualidade, numa posição paradoxal de simultânea produção e questionamento do saber. O sujeito se instaura numa posição discursiva basicamente histérica, na qual o saber produzido é sempre insatisfatório.

Assim, por sua estrutura discursiva, o sujeito histérico se aproxima, ou mesmo se identifica com a posição do discurso da ciência, que visa a produzir saber sobre o real. Apenas que, ao colocar o objeto *a* no lugar da verdade, ele introduz perguntas sem resposta sobre o objeto causa do desejo e introduz um furo na ciência: o que faz com que um homem deseje uma mulher? O que faz com que uma mulher seja desejável por um homem? E mais, ainda: o que leva um homem a desejar outro homem e uma mulher a desejar outra mulher? As figuras clínicas da histeria correspondem à indagação sobre o sexo que ela encarna com seus sintomas. Toda resposta — necessariamente incompleta — dada à questão essencial sobre o desejo e a diferença sexual será refutada pela histeria e denunciada em sua impostura. O histérico mantém seu desejo insatisfeito como a revelação contínua da própria estrutura do desejo eternamente fadado à insatisfação — "desejo de reconhecimento de seu desejo insatisfeito".[23]

Assim, sua fenomenologia decorre dessa posição de investigadora científica — que fez Lacan chamá-las de "teóricas admiráveis"[24] — postada diante de um real que recua sem cessar do simbólico: em primeiro lugar, a manutenção da insatisfação, que preserva o desejo da histérica e aponta a incompletude inerente à sua estrutura; seu fascínio por observar os casais de namorados (que se evidencia, em seu extremo, na universalização da pornografia na internet), perscrutando e escaneando seus gestos, e, por isso, tornando-a aberta à identificação com o desejo do Outro, embora visando a interrogá-lo. Bancando o homem e se situando no lugar do homem que deseja, a mulher histérica se debruça seriamente sobre a indagação a respeito do que constitui a essência da feminilidade; seu olhar está sempre voltado para a figura da outra mulher, e caso esta não exista ela a inventa, pois a figura da outra mulher, ou do outro homem, traz embutida a dor sobre "o que ela (ele) tem que eu não tenho?".[25]

A diferença entre o signo e o significante, estabelecida por Lacan em sua reconstrução do saber freudiano apoiada na linguística estrutural, permite localizar duas diferentes formas de sintoma passíveis de serem repertoriadas — ou não — pela medicina. A evasividade do "quadro" histérico ao saber médico se explica quando se entende que os sintomas histéricos não remetem ao discurso médico, como signos (ou sinais) da semiologia médica, mas ao próprio sujeito, como significantes que o representam em sua singularidade diante de outros significantes.[26] Na psicanálise, ao contrário, o termo "histeria" deixou de ser aplicado a uma patologia estritamente feminina para designar apenas "certas modalidades de relação com o objeto do desejo, inseparável dos significantes que o transportam e o magnificam".[27]

4. O discurso da histérica*

A ciência ganha impulso a partir do discurso da histérica.

Jacques Lacan

É NO SEMINÁRIO SOBRE *O avesso da psicanálise*, pronunciado em 1969-70, no contexto imediatamente posterior aos eventos que sacudiram Paris em maio de 1968, que Jacques Lacan introduz pela primeira vez sua teoria dos quatro discursos, a qual comparece no seu ensino para tratar de uma forma original do *liame social*. Ela é um corolário de desenvolvimentos lacanianos anteriores: se o inconsciente é estruturado como uma linguagem, conforme afirmava Lacan desde 1953, o liame social humano é igualmente fundado nela. Assim, os discursos introduzidos por Lacan — os discursos da histérica, do mestre, do universitário e do psicanalista —[1] correspondem às estruturas de todo laço social. O discurso é o que funda e define cada realidade, e os significantes do discurso do Outro inscrevem o sujeito numa realidade discursiva preexistente.

---

* Sugerimos ao leitor apoiar-se na tabela da p. 160 para melhor aproveitamento deste capítulo.

A relação fundamental: o sujeito e o significante

A teoria dos quatro discursos pressupõe, para seu entendimento, uma prévia compreensão da lógica do significante estabelecida pelo ensino de Lacan, pois os elementos que compõem os discursos, simbolizados por letras nos matemas lacanianos, são fruto dessa lógica: o significante mestre (S_1), o saber (S_2), o sujeito barrado ($\math$) e o pequeno a, o mais-gozar (*a*). Isso é o que compõe a "relação fundamental [...] de um significante com um outro significante", da qual "resulta a emergência disso que chamamos sujeito — em virtude do significante que, no caso, funciona como representando esse sujeito junto a um outro significante":[2]

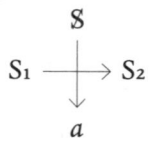

O sujeito para a psicanálise é o sujeito falante. Por isso, Lacan menciona "a fenda (*Spaltung*) que o sujeito sofre por só ser sujeito na medida em que fala".[3] Embora seja efeito do significante, o sujeito não pode ser representado integralmente por ele, nem ser reduzido a ele; o sujeito está, por excelência, na escansão entre dois significantes. Por isso surge como barrado, dividido, sem unidade possível, heterogêneo ao indivíduo, que significa o *indiviso*, aquele que não se divide. Para Lacan, "o indivíduo que é afetado pelo inconsciente é o mesmo que constitui o que chamo de sujeito de um significante".[4]

Foi justo no estabelecimento da distinção entre o eu e o sujeito que Lacan se empenhou ao longo de seus seminários iniciais: o eu não é o sujeito, e ambos são, na verdade, heterogêneos. Trata-se aqui da distinção entre imaginário e simbólico: o eu é imagem corporal, ao passo que o sujeito é efeito da linguagem. O eu, essencialmente corporal e sede das identificações, se precipita como forma primordial de uma matriz simbólica, produzida no estádio do espelho como um verdadeiro rechaço da pulsão (corpo despedaçado), na tentativa de unificação de um corpo que estava difuso; já o sujeito, representado no campo do simbólico, é dividido, cindido, lugar do conflito e da impossibilidade de obter qualquer unidade.[5]

O sujeito "não é outra coisa — quer ele tenha ou não consciência de que significante ele é efeito — senão o que desliza numa cadeia de significantes".[6] Ele é passível de ser representado, mas sempre parcialmente, *entre* dois significantes. Lacan aponta o paradoxo que está em jogo nessa representação do sujeito pela linguagem, ao formular que o sujeito é ao mesmo tempo representado e não representado. Ele "não é jamais senão pontual e evanescente, pois ele só é sujeito por um significante, e para um outro significante".[7] Como precisa Jacques-Alain Miller, o sujeito é "um sujeito sem substância. Não é uma alma, não é um eu, não é uma forma e não é uma natureza humana: é precisamente o que desmente toda a natureza humana e todos os esforços por conceituar uma semelhante natureza".[8]

A lógica lacaniana do significante se esteia na concepção primordial de Ferdinand de Saussure segundo a qual "na língua há apenas diferenças *sem termos positivos*",[9] o que tem como efeito inevitável uma concepção do significante como binário, S_1 e S_2, pois, como afirma Lacan, "o significante, em si mesmo, não é nada de definível senão como uma diferença para com um outro significante":[10] ou seja, se é a diferença o que permite que haja definição, é preciso pelo menos dois significantes para que esta surja.

Tudo se passa como se o campo da linguagem se espraiasse sempre entre dois polos extremos, cada um dos quais toca num limite de determinada significação, permitindo assim o surgimento da diferença significante. Como Lacan destaca, "a linguagem começa na oposição".[11] Por exemplo, "fraco" só tem sentido se colocado em oposição a "forte", e assim por diante: o significante não possui sentido em si mesmo, mas numa relação diferencial com os outros significantes. Não é difícil ver o quanto a questão da significação antitética das palavras primitivas, tal como estudada por Freud a partir dos trabalhos do filólogo Karl Abel, foi fundamental na construção lacaniana da teoria do significante.[12]

As letras da álgebra lacaniana

Acabamos de ver a relação fundamental entre o sujeito ($\mathcal{S}$) e o significante, mas quais são esses significantes *entre* os quais o sujeito surge, de maneira pontual e evanescente, como dividido? Que universo de significantes e faltas é esse?

- S_1: significante-mestre, que apresenta o poder de marca fundadora, poder que leva Lacan a destacar a homofonia existente, em francês, entre *maître* (mestre, senhor) e *m'être* ("me ser").[13] S_1 não é apenas um significante, mas um enxame (em francês *essaim*, homófono de *"S un"*, "S um") de significantes que constituem uma referência singular para o sujeito. Embora S_1 seja igualmente parte do saber (S_2) do Outro (o que é o mesmo que dizer que S_1 é também, evidentemente, parte do tesouro dos significantes), ele consiste numa dimensão do Outro muito privilegiada para o sujeito. Ainda que qualquer significante seja capaz de vir na posição de significante-mestre, quando isso acontece ele passa a ser como um selo (ou "sê-lo"), uma marca fundadora e originária. Sobre S_1, Lacan diz que "deve ser visto como interveniente. Ele intervém numa bateria significante que não temos direito algum, jamais, de considerar dispersa, de considerar que já não integra a rede do que se chama um saber".[14] Tal intervenção de S_1 no campo já constituído dos outros significantes, que já se articulam entre si como tais, faz com que surja $\$$, o sujeito.
- S_2: significante que representa a "bateria dos significantes" mencionada por Lacan (S_2, S_3, S_n...), o conjunto — faltoso, é preciso sublinhar — dos significantes do campo do Outro, o saber do Outro. S_2 designa todos os outros significantes que não possuem valor de S_1 para o sujeito, representa a cadeia

dos significantes. Ele é outro nome que se pode dar ao Outro como lugar dos significantes.

- S(Ⱥ): o nome da falta presente em S_2 foi escrito por Lacan como S(Ⱥ): o símbolo da falta de pelo menos um significante no campo do Outro, qual seja, a falta de inscrição da diferença sexual no inconsciente. S(Ⱥ) é a matriz da estrutura psíquica, é o furo que constitui o núcleo real do inconsciente, homólogo a *a*, que é o objeto da pulsão e causa do desejo. S(Ⱥ) é o furo real do simbólico, assim como *a* é o furo real do imaginário. Quanto a isso, Lacan vai salientar que o princípio de prazer se funda na coalescência, na aglutinação do *a* com o S(Ⱥ), e acrescenta ainda que a cisão, o descolamento entre *a*, como imaginário, e A, como simbólico, é feita pela psicanálise, mas não pela psicologia[15] (ou seja, a psicologia é a homogeneização entre simbólico e imaginário). E, como postula Lacan, a finalidade de seu ensino, "no que ele persegue o que se pode dizer e enunciar do discurso analítico, é dissociar o *a* e o A, reduzindo o primeiro ao que é do imaginário, e o outro, ao que é do simbólico".[16]

- *a*: dessa operação de representação significante do sujeito — e, portanto, simbólica — "surge alguma coisa definida como uma perda",[17] que escapa ao simbólico e pertencente ao real, o objeto *a*, que apresenta duas faces opostas: causa do desejo e mais-gozar. No seminário de 1974-75 Lacan irá situá-lo na região central do nó borromeano, o que permite que se entenda que o objeto *a* comparece no lugar da nodulação dos três registros real, simbólico e imaginário.

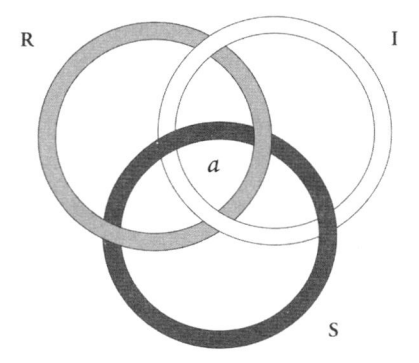

Mas sua face real sempre predomina sobre as outras, ela esburaca suas faces imaginária e simbólica: ela é aquela que Freud nomeou como *das Ding*, A Coisa.

Lacan e o discurso

Numa passagem da lição de 9 de janeiro de 1973, ao tocar na questão do referente, Lacan precisa a relação entre o significante e o discurso: "O significante como tal não se refere a nada, a não ser que se refira a um discurso, quer dizer, a um modo de funcionamento, a uma utilização da linguagem como liame"[18] — um laço entre aqueles que falam, portanto um liame social. Ao destituir o referente do lugar central da linguagem, Lacan aponta a heterogeneidade entre o simbólico e o real, que já se encontra presente na própria definição saussuriana do signo linguístico, associando a sonoridade (imagem acústica) a um conceito e não a um objeto. É digno de nota que, para Saussure, o signo não tem relação com qualquer referente objetal, o que introduz uma concepção da linguagem que se coaduna inteiramente com aquilo que se presentifica na experiência psicanalítica, para a qual a Coisa está perdida desde sempre.

A psicanalista Diana Rabinovich observa que o discurso concebido por Lacan como produto da articulação significante "é um discurso sem palavras, que como tal gera palavras; é um discurso sem sentido, que gera a própria proliferação do sentido".[19] São essas quatro letras da relação fundamental do sujeito com o significante que constituirão os elementos dos matemas dos quatro discursos, letras que serão dispostas em quatro lugares distintos: a verdade, o agente, o outro, a produção.

O que é, para Lacan, um discurso? Cabe salientar antes de tudo, com Gérard Wajeman, que o que especifica a noção de discurso em Lacan é que ela visa a inscrever aquilo que funda a palavra em seus efeitos. Assim, quando tomamos a palavra, tomamos lugar, língua e poder.[20] Não havendo para o sujeito falante nenhuma realidade pré-discursiva, o discurso é definido como o que funda e define cada realidade.[21] Tendo sua inscrição no mundo humano — seu lugar na ordem simbólica — sido produzida muito antes de seu nascimento como ser vivo e organismo biológico, o sujeito falante se inscreve numa realidade discursiva preexistente, a partir dos significantes do campo do Outro. Quando Lacan insiste em que o inconsciente é o discurso do Outro, ele chama a atenção para o fato de que, ao vir ao mundo, o bebê é recebido por uma complexa rede de linguagem, uma alteridade radical por isso mesmo nomeada por Lacan de Outro, que, como já vimos, abrange várias dimensões: família, momento vivido por essa família, lugar na prole, classe social, época, língua e cultura — além do fator essencialmente subjetivante, a fantasia e o desejo dos pais.

Os quatro discursos

Os quatro discursos formulados por Lacan — do psicanalista, da histérica, do mestre e do universitário — consistem na disposição ordenada das letras (S_1, S_2, S, *a*) em quatro lugares fixos: verdade, agente, outro, produção. Os lugares são fixos na medida em que todos os discursos são sempre movidos por uma verdade (que é sua mola propulsora), sobre a qual está assentado um agente, que se dirige a um outro a fim de obter deste uma produção. Tais lugares são escritos por Lacan com dois binômios interligados por uma seta.

Lacan privilegia o lugar do agente como sendo a *dominante* de cada discurso: é ela que dá o tom do discurso e se destaca de modo incisivo a cada vez que o sujeito toma a palavra. A dominante é o lugar de onde se ordena o discurso; mais do que

Lugares:

$$\frac{\text{agente}}{\text{verdade}} \xrightarrow{} \underset{//}{} \frac{\text{outro}}{\text{produto}}$$

Discurso do mestre

$$\frac{S_1}{\text{\$}} \xrightarrow{} \underset{//}{} \frac{S_2}{a}$$

Discurso do universitário

$$\frac{S_2}{S_1} \xrightarrow{} \underset{//}{} \frac{a}{\text{\$}}$$

Discurso da histérica

$$\frac{\text{\$}}{a} \xrightarrow{} \underset{//}{} \frac{S_1}{S_2}$$

Discurso do analista

$$\frac{a}{S_2} \xrightarrow{} \underset{//}{} \frac{\text{\$}}{S_1}$$

isso, Lacan sublinha que ela é aquilo que constitui a própria denominação de cada discurso.

É significativo que Lacan introduza essa categoria da dominante discursiva ao tratar do objeto *a* no lugar do agente do discurso do psicanalista. A posição do psicanalista "é, substancialmente, a do objeto *a*, na medida em que esse objeto *a* designa precisamente o que, dos efeitos do discurso, se apresenta como o mais opaco, há muitíssimo tempo desconhecido, e no entanto essencial".[22] O analista se oferece "como idêntico ao objeto *a*", isto é, enquanto "isso que se apresenta ao sujeito como a causa do desejo".[23] É dessa posição de *a* como real, causa do desejo, que o psicanalista aciona a regra da associação livre para que o analisando produza os S_1 de sua própria história.

Enquanto a dominante no discurso do psicanalista é, como vimos, o objeto *a*, no discurso do mestre ela é S_1 e é relacionada por Lacan com o comando e a lei. Já no discurso da histérica a dominante, S, é o sintoma, a divisão e o conflito: "é em torno do sintoma que se situa e se ordena tudo o que é do discurso da histérica".[24] E, no discurso do universitário, a dominante é o saber, S_2, vindo no lugar da ordem, do mandamento do mestre. No seminário *De um discurso que não fosse semblante*, Lacan situará a dominante como o lugar onde o semblante do discurso se evidencia.[25]

No discurso do mestre, o que mais chama a atenção é S_1, o significante-mestre que age sobre o outro, tomado enquanto saber, para conseguir uma produção determinada de mais-gozar. O mestre tem a posição própria àquele que usa a linguagem, por isso o matema do discurso do mestre é considerado o "ponto de partida", o matema a partir do qual, com "quartos de giro" sobre seus elementos, se obtêm os outros três discursos.[26] Ele é o matema da entrada do sujeito na linguagem e, como observou Wajeman, nele as letras têm o mesmo valor que os lugares.[27]

No discurso do mestre, S_1 no lugar do agente evidencia que, através do poder imperativo do significante, a entrada do sujeito na ordem simbólica depende do acionamento de um significante-mestre, o que o aproxima do que Lacan chama de

Nome-do-Pai: "O significante-mestre determina a castração",[28] diz ele, que ainda acrescenta: "O dito primeiro decreta, legifera, sentencia, é oráculo, confere ao outro real sua obscura autoridade".[29]

O discurso do mestre é o discurso no qual se evidencia precisamente o funcionamento da sugestão ($S_1 \rightarrow S_2$), através da qual opera a hipnose, abandonada por Freud ao criar a psicanálise. Esse é um dos aspectos essenciais que permitem entender que o discurso do mestre é o avesso da psicanálise (observemos, nos matemas dos discursos do mestre e do psicanalista, como os elementos têm suas posições invertidas). A psicanálise opera pela transferência — cujo pivô é o sujeito suposto saber —, enquanto a sugestão opera por meio do saber e oblitera a transferência. Pois, se o inconsciente é um saber e a transferência é a atualização da realidade do inconsciente, a transferência é, essencialmente, transferência do saber inconsciente. Operando pelo saber, a sugestão impede a transferência do saber inconsciente.

Já o psicanalista age a partir do avesso da mestria constituída por todo uso da linguagem e tem como dominante discursiva o objeto *a*. Desse modo, o que domina o discurso do psicanalista não é a linguagem, mas o silêncio que, para Lacan, "corresponde ao semblante de dejeto".[30] Ao passo que o mestre se dirige ao outro tomado como saber (saber do Outro), o psicanalista se dirige ao outro de uma forma radicalmente nova, considerando-o como sujeito. O sujeito só existe para a psicanálise na medida em que é capaz de produzir, na associação livre, seus significantes inconscientes primordiais. Nesse sentido, uma das características fundamentais do discurso do psicanalista é que ele é o único discurso que considera o outro como sujeito, opostamente ao discurso do universitário que considera o outro como objeto a ser dominado pelo saber, S_2.

Tomando o outro como sujeito, passível de ser evocado no ato analítico da associação livre, o discurso do psicanalista leva esse sujeito a bem-dizer o próprio sintoma e atravessar a fantasia, ambas operações que se acham inscritas nesse discurso: $\$ \rightarrow S_1$ e $a \rightarrow \$$. O analista só é analista por ser objeto causa de desejo para seu analisando fazer, como sujeito, a travessia da fantasia. Por isso, no discurso do psicanalista pode-se ler igualmente o desejo do psicanalista, definido por Lacan como o desejo de obter a diferença absoluta — entenda-se, a posição de radical alteridade inerente ao sujeito.

Chegamos ao discurso da histérica. Um quarto de giro para a direita no discurso do mestre produz o discurso da histérica (observemos a posição dos elementos nos respectivos matemas), que põe em destaque a barra do sujeito que fora recalcada pelo mestre e também o objeto *a,* causa do desejo, que agora aparece no lugar da verdade.

Discurso do mestre			Discurso da histérica		
$\dfrac{S_1}{\$}$	$\longrightarrow$ $//$	$\dfrac{S_2}{a}$	$\dfrac{\$}{a}$	$\longrightarrow$ $//$	$\dfrac{S_1}{S_2}$

A histérica toma o outro como S_1, como mestre, e é a ele que ela dirige sua demanda insatisfeita de cura do sintoma: o $\math$ ocupando o lugar da dominante do discurso da histérica tem valor de sintoma que pede decifração, e para isso ela se dirige ao mestre, S_1. Dito de outro modo, o outro da histérica é o mestre! É a ele que ela está continuamente se dirigindo, onde quer que ele esteja: onde há mestre, há histéricos orbitando-o! Por isso Lacan assevera que "a ciência ganha impulso a partir do discurso da histérica. [...] a histérica é o sujeito dividido, ou, em outras palavras, é o inconsciente em exercício, que põe o mestre contra a parede de produzir um saber".[31]

O contínuo deslocamento da histeria, ao longo da história, em torno de determinadas constelações de saber dominantes em cada época está relacionado ao fato de que a histérica quer um mestre ($\mathS \rightarrow S_1$), ela se dirige enquanto sujeito faltoso a S_1. Contudo, frisa Lacan, ela "quer um mestre sobre o qual ela reine. Ela reina, e ele não governa".[32] Na Idade Média, orbitando em torno do saber religioso e dos mestres que o entronizavam, a histérica foi considerada como feiticeira e queimada na fogueira. Com o advento da psiquiatria, ela passou a se enfronhar no meio médico e seu destino passou a ser o encerramento no asilo. Tanto o padre quanto o psiquiatra ocuparam para a histérica o lugar de S_1 e, como mestres, deram a ela respostas condizentes com seus discursos.[33] Mas a resposta dada pelo mestre como produção de saber — "Você é bruxa!", "Você é louca!" — perpetua a histérica nesse lugar de insatisfação e, logo, de dirigir novas invectivas ao mestre.

Freud inaugurou uma nova forma de responder à demanda histérica, uma forma que não fosse a produção de saber, e através do método analítico fez a histérica entrar em contato com o impossível inerente às questões que ela coloca. A demanda essencial da histérica é a de saber sobre a sexualidade, a de saber sobre o objeto causa do desejo: O que é uma mulher? O que faz com que um homem deseje uma mulher?

Com a psicanálise, Freud permitiu que os histéricos se deparassem com a resposta contingencial — isto é, singular e simbólica — que cada sujeito constrói para sua sexualidade e abandonassem seu desejo de saber universal sobre a sexualidade. Tal saber não existe, o que foi resumido por Lacan ao formular que "Não há relação sexual no ser falante".[34]

Por sua vez, ao conceber o discurso da histérica, Lacan desloca a noção de histeria como fundamento da neurose — que já fora formulada por Freud — para o fundamento do próprio sujeito como tal: é no discurso da histérica que a estratégia recalcante do discurso do mestre aparece, ao pôr em primeiríssimo plano a relação linguageira entre os significantes ($S_1 \rightarrow S_2$), em detrimento da relação fantasística do sujeito com o objeto causa do desejo ($\$ \lozenge a$).

Assim, na posição de agente do discurso da histérica, o sujeito surge dividido ($\$$), como efeito da linguagem no conflito sintomático, mas sua verdade é que ele se coloca como objeto do desejo, o objeto a, indecifrável para o Outro. E todo saber que o mestre (S_1) produzir (S_2) será impotente para dar conta do enigma da sexualidade (a), o que Lacan escreve através das duas barras entre os denominadores do discurso: $a \mathbin{/\!/} S_2$.

Tendo certa vez, durante seus seminários, cometido um lapso e se autodesignado no feminino, Lacan se disse um histérico analisado que ainda tinha, contudo, alguns resíduos sintomáticos.[35] Dessas formulações de Lacan se extrai que a histeria significa uma interrogação sobre o real do sexo, ou seja, sobre o enigmático objeto faltoso da pulsão que, como formulou Freud, não é específico e sim, ao contrário, inteiramente variável e inapreensível: todo e qualquer objeto pode ocupar o lugar do objeto da pulsão, daí a diversidade da sexualidade humana, daí as diferentes pulsões sexuais entrarem em jogo nas trocas sexuais — diferentemente do funcionamento instintivo dos animais, regido por objetos específicos à atividade sexual (preservação da espécie) e à autoconservação (preservação do indivíduo).

Todo saber que se propõe a abarcar esse real do sexo — o impossível de ser representado pelo simbólico, pela linguagem — será questionado pela histérica. Por isso, ela se dirige ao mestre — o mestre da contingência, seja ela qual for: religião, ciência, psicologia, sexologia, psicanálise… — para demandar um saber sobre o sexo e, em seguida, destituir o mestre de sua potência. Madonna, no meio de sua canção "Die another day" — cuja letra fala de despertar, quebrar o sentido, destruir o ego, sacudir o sistema, adiar o prazer e a morte —, invectiva Freud de modo decididamente histérico, dizendo: "Sigmund Freud, analise isso, analise isso, analise isso…".

Pois o que o sujeito histérico sustenta, no fundo, é que não há saber possível sobre a diferença sexual — ela escapa a todo e qualquer saber. Diferentes campos do conhecimento científico visam a produzir saber sobre a sexualidade, mas o único que derrogou a histeria de sua presunção combativa do saber do mestre foi a teoria freudiana construída em torno da bissexualidade estrutural, que inclui nela mesma o real pulsional (objeto *a*) inapreensível pela linguagem. Trata-se do que Lacan denominou, numa fórmula fulgurante e sintética, de "núcleo inelaborável do gozo".[36]

Moustapha Safouan sintetiza essa destituição do saber do mestre com uma deliciosa historieta, segundo a qual duas crianças reagirão de modo diverso diante da narrativa da cegonha que bicou a perna da mamãe, que assim engravidou: "Se a criança tem fortes disposições para uma neurose obsessiva, ela começará a mancar. Isso será um sintoma baseado no seguinte raciocínio: 'A cegonha me bicou, portanto eu tenho um bebê na barriga'". Caso a criança tenda para a histeria, ela também irá mancar, mas seu raciocínio será outro: "A cegonha me bicou, entretanto eu não tenho um bebê na barriga, você mente!".[37]

A posição discursiva do analista, inventada por Freud no trato com os histéricos — invenção, aliás, necessariamente compartilhada com a histérica, pois tudo parece ter começado quando sua paciente Emmy lhe disse que ele estava falando demais e que não a estava deixando falar —, produziu um curto-circuito no discurso histérico. Ao devolver aos histéricos as questões sobre sexualidade que eles mesmos colocam, Freud sustentou que não há saber universal sobre o sexo, mas apenas saber — inconsciente — subdito à singularidade de cada sujeito. Trata-se de uma castração em relação à onipotência do saber do mestre e de uma introdução do não saber em sua relação inextricável com o saber — o que fez Lacan, recorrendo a Nicolau de Cusa, falar da "douta ignorância" do psicanalista em sua prática.

5. As epidemias de histeria

> A histeria não morreu. Ganhou, simplesmente, um novo
> rótulo para uma nova era.
>
> Elaine Showalter

Inconsciente e cultura

Abordar a cultura pela psicanálise foi um dos grandes objetivos de Sigmund Freud. Logo no início de sua obra, escreveu três grandes livros sobre o inconsciente cujo alcance vai muito além dos campos estritos da psicopatologia e da psicoterapia. *A interpretação dos sonhos*, *Psicopatologia da vida cotidiana* e *Os chistes e sua relação com o inconsciente*, escritos no espaço de alguns anos, marcaram claramente o seu interesse em mostrar a presença do inconsciente nas mais diversas manifestações humanas consideradas parte de toda vida normal.[1]

Freud dedicou atenção especial ao estudo da origem da cultura (*Totem e tabu*) e de sua estrutura (*O mal-estar na cultura*), assim como da psicologia de grupos ("Psicologia das massas e análise do eu"). Entre outros temas, empenhou-se ainda em estudar a religião e a guerra, fenômenos humanos altamente relevantes. Na obra sobre os chistes, mapeou exaustivamente a lógica dessas piadas feitas com jogos de palavras espirituo-sos, que ocorrem no dia a dia no interior dos laços sociais: os chistes revelam a entrada em cena de determinadas representa-ções que veiculam pulsões (sexuais e agressivas) postas fora do convívio coletivo, mas que, pressionando para se manifestar, ressurgem através da brincadeira e do riso.

A abordagem do inconsciente — sua grande descoberta que subverteu a visão que o homem tinha dele mesmo — não pode ser restringida à singularidade do sujeito, embora seja nos estudos clínicos individuais que se depreendem as com-plexidades que podem em algum momento ser estendidas para o coletivo. Freud gostava de repetir: "Preocupo-me com o fato isolado e espero que dele jorre o universal".[2]

Desde o início de sua descoberta, Freud quis jogar alguma luz sobre os fatos sociais mais importantes, de modo a esten-der o alcance do inconsciente da psicologia individual para a coletiva. O mestre vienense fez assinalamentos essenciais sobre a cultura e os agrupamentos humanos: mostrou que a civili-zação erige barreiras em relação às poderosas pulsões sexuais e agressivas, as quais constituem as forças que regem a vida individual e a coletiva; denunciou o mal-estar inarredável pro-duzido por esse contínuo impedimento da satisfação pulsional, exercido especialmente pela educação e pela lei. E acrescentou que, sendo tais barreiras parte da própria estrutura do sujeito, esse mal-estar não pode ser eliminado.[3] Freud observou com agudeza que, quando reunidas nas massas, as pessoas são capa-zes de fazer coisas que jamais fariam sozinhas: a massa tende a isentar o sujeito de responsabilidade e torná-lo acéfalo, rea-brindo as portas da barbárie contra a qual a civilização levanta todas as suas defesas.

Lacan resumiu os desenvolvimentos de Freud sobre a força das diferentes criações da cultura para frear o ímpeto pulsional dizendo: "Toda formação humana tem, por essência, e não por acaso, de refrear o gozo. A coisa nos aparece nua — e não mais através desses prismas ou pequenas lentes chamados religião, filosofia... ou até hedonismo, porque o princípio de prazer é o freio do gozo".[4] Ele precisou ainda em outro escrito: "Prazer, barreira ao gozo (mas não o inverso)".[5]

Uma das maneiras pela qual a sociedade acolhe as pulsões ao transformá-las é a sublimação. Algumas manifestações cul-turais, tais como o carnaval e o futebol — duas paixões bra-sileiras —, podem ser entendidas como formas sublimatórias das pulsões sexuais e agressivas.[6] Na festa da carne, é como se houvesse temporariamente a suspensão da repressão, e todas as fantasias podem ser vividas sem pudor; no futebol,[7] se aten-tarmos para o seu vocabulário próprio, poderíamos dizer que estamos no meio de uma guerra: defesa, ataque, tiro de meta, tiro da intermediária...

Como vimos, Lacan mostrou que a constituição de cada sujeito se dá a partir da incidência do discurso do Outro — alteridade que inclui pais, família, lugar na prole, classe so-cial, cultura, língua, nação, época etc. A isso ele denominou *alienação fundamental*, que é estrutural e, mais essencialmente ainda, estruturante: é através dos significantes do Outro que o sujeito se constitui.

Por isso, histeria e história surgem de mãos dadas já no início do ensino de Lacan. A primeira parte de seu longo ensaio "Função e campo da fala e da linguagem em psicanálise" associa a experiência analítica com o processo de historicização, ou, mais precisamente, de ressignificação da história do sujeito. Jacques-Alain Miller assinala com razão que a histeria é uma estrutura na qual se mostra "a incidência pura do Outro, a incidência pura do discurso do Outro sobre o sujeito, ou inclusive a incidência do desejo do Outro".[8] Como ele pontua, utilizando as grafias com as quais Lacan joga, "frente ao real, a história é *hystória*, quer dizer, histeria".[9]

O desejo é o desejo do Outro, repete Lacan não só para significar que há uma continuidade intrínseca entre o sujeito e o coletivo, como também para designar a potência das marcas impressas pelo Outro sobre o sujeito em sua constituição. Acresce-se à potência da ação da linguagem o excepcional fenômeno biológico da neotenia na espécie humana, o que faz com que o estado de prematuridade no qual o bebê nasce prolongue significativamente o período dos cuidados maternos. A dependência prolongada do Outro torna o bebê excepcionalmente sujeito às ações reais, simbólicas e imaginárias que o Outro exerce sobre ele continuamente.[10]

Hystória

Em agosto de 1908, o psiquiatra francês Henri Cesbron, discípulo do neurologista de origem polaca Joseph Babinski, escreveu no prefácio de sua *Histoire critique de l'hystérie*:

A história da medicina é sempre instrutiva, e ela se torna indispensável em matéria de histeria. Aqui a história esclarece tudo. Ela mostra como a opinião médica dos antigos, situando no útero a sede da neurose, fez eclodir no espírito do público ideias errôneas sobre o caráter estranho e os sinais assustadores que os doentes histéricos *deviam apresentar*; como, em seguida, nasceram as grandes epidemias de histeria, com seu cortejo sintomático, manifestações coletivas criadas não apenas pelas ideias religiosas da época, mas pela lembrança mais ou menos consciente das doutrinas antigas; e como, enfim, esse longo passado então preparou a geração das grandes neuróticas, com as quais a Escola da Salpêtrière traçou o quadro da grande histeria.[11]

Chama a atenção nessa obra altamente documentada[12] o grande espaço dado pelo autor às epidemias de histeria, presentes desde a antiguidade até os dias atuais, e cuja importância e estrutura podem ser compreendidas a partir das perspectivas teóricas da psicanálise contemporânea.

Em primeiro lugar, cabe repetirmos que o termo "epidemia" não é utilizado aqui de modo patologizante, tal como na medicina são descritas as epidemias infecciosas, terríveis doenças transmissíveis, flagelos que devastaram a face da Terra por inúmeras vezes e continuam a fazê-lo de tempos em tempos. Trata-se, outrossim, de um uso metafórico, significando que estamos diante de um fenômeno de disseminação acentuada e rápida de um tipo de comportamento ou ideia.[13] O termo é bastante consagrado no campo da história da psiquiatria e da psicanálise, inclusive, justamente, no caso dos grandes surtos coletivos de histeria que ocorreram em diversas épocas e lugares.[14] Freud, já em seu primeiro artigo sobre a histeria, escrito em 1888 para a enciclopédia médica Villaret, recorda a ocorrência dessas epidemias: "Na Idade Média, as neuroses desempenharam um papel significativo na história da civilização; surgiam sob a forma de epidemias, em consequência de contágio psíquico, e estavam na origem do que havia de real na história da possessão pelo demônio e da feitiçaria".[15]

Além disso, o uso contemporâneo do termo "epidemia" pelos mais diferentes autores de várias disciplinas conflui com os apontamentos psicanalíticos que fazemos nesta obra. O sociólogo francês Michel Maffesoli fala de epidemias *stricto sensu* e de histeria no âmbito da viralidade dos processos de contaminação política, social e ideológica. E sublinha:

> É o hedonismo no quotidiano que merece atenção. Porque, contra uma visão "economicista", a do individualismo, do subjetivismo, do idealismo [...], o prazer de ser somente pode ser coletivo. Está em sua estrutura proceder por contaminação. Epidemia que as redes da internet [...] se dedicam a fortalecer. O desenvolvimento

do festivo ou do lúdico comprovam isso. Não há nada de individual nesses domínios. A excitação e a histeria são comunitárias.[16]

O jornalista norte-americano Robert Whitaker usa o termo já no título de sua obra *Anatomia de uma epidemia: pílulas mágicas, drogas psiquiátricas e o aumento assombroso da doença mental*, na qual aborda uma epidemia de doenças mentais incapacitantes desencadeada pelos psicofármacos. O psiquiatra e psicanalista francês Patrick Landman, mostrando como o DSM permitiu à psiquiatria atual reatar com o passado pouco glorioso em que ela suscitava epidemias, no século XIX, fala de epidemia no tocante à disseminação indevida de certos diagnósticos na cultura de hoje, como os que dizem respeito,

> entre outras coisas, ao autismo, ao distúrbio de atenção com ou sem hiperatividade, aos distúrbios bipolares, os quais aparecem como um índice muito confiável da ausência de cientificidade apesar das pretensões deslocadas de certos defensores do DSM. As falsas epidemias dependem de modos nosográficos que se instalam no campo social, inicialmente como testemunhos de um mal-estar na cultura, antes de se tornarem categorias psiquiátricas para nomear esse testemunho.[17]

Diga-se, igualmente, que isso que na clínica psiquiátrica atual, centrada no DSM, se chama de TDI — transtorno dissociativo de identidade — é o que a psicanálise sempre denominou, em referência à psiquiatria clássica, de histeria. A eliminação do diagnóstico de histeria (no DSM-3, de 1980) abriu a via para noções substitutas que fogem inteiramente à racionalidade da clínica clássica. Os efeitos são produzidos, como vimos, por sugestão e, como veremos, por contágio e identificação, responsáveis pelas mais variadas epidemias de histeria ao longo dos séculos: bruxaria, abduções, abuso sexual, personalidade múltipla, dança incoercível.

A lógica das epidemias de histeria

Numa obra notável sobre o tema, Elaine Showalter reúne os elementos que permitem falar de epidemia de histeria na cultura contemporânea. E, chamando a atenção para o fato de que nos Estados Unidos a psicanálise entrou em grande declínio — comprovável pela moção movida por um número de intelectuais para suspender a exposição sobre Freud organizada pela Biblioteca de Washington em 1995 —,[18] assinala com percuciência que tais críticos oferecem quase nada para substituir os *insights* e a visão de Freud.[19]

Showalter é membro de um grupo de historiadores norte-americanos que se intitulam "histeriadores", dando vazão ao mesmo jogo de palavras que Lacan utilizou para falar da história: *hystoire*, palavra-valise que associa história (*histoire*) com histeria (*hystérie*).[20] Para ela, as epidemias de histeria exigem a concorrência de pelo menos três elementos: médicos e teóricos entusiastas, pacientes vulneráveis e um ambiente cultural favorável. Primeiro, o médico ou outra autoridade deve definir, batizar e divulgar o distúrbio, e atrair pacientes sobre os quais exercerá sua atividade diagnóstica a partir de um protótipo por ele construído. Os pacientes, especialmente os histéricos altamente sugestionáveis (mas isso se complexifica quando se sabe, como vimos antes, que a histeria é a estrutura de base de todo e qualquer sujeito, e que sua característica universal é justamente a sugestionabilidade), reconhecendo seus problemas refletidos num protótipo, "passam a ver que suas vidas são governadas pelas leis de alguma disfunção e procuram assistência terapêutica".[21] O terceiro aspecto do "triângulo histérico" é o ambiental e cultural, que multiplica as síndromes histéricas. Showalter resume a situação nos seguintes termos: "Num ambiente cultural que as apoia, depois de incorporadas às tendências predominantes da cultura popular, as síndromes histéricas multiplicam-se ao interagir com forças sociais como crenças religiosas, agendas políticas e surtos de pânico movidos a boatos".[22]

O psicanalista Éric Laurent sublinhou que hoje não encontramos epidemias histéricas como as das convulsionárias de Saint-Médard ou as possuídas de Loudun, mas epidemias que não se misturam nem se compreendem, existindo uma ao lado da outra devido ao caráter segmentado do corpo social:

uma epidemia mais fragmentada, de processos judiciais em série, que não se centraliza em um grande inquisidor, como em Loudun, mas se dispersa numa jurisprudência que mobiliza peritos

judiciais, psicológicos, cada vez mais especializados nas perturbações para que apontam, e que, no fundo, manifesta essa identificação fragmentada e pulveriza o contexto.[23]

Ora, na cultura atual, a capacidade de difusão das mídias
sociais e eletrônicas, incomparável ao que se passava em outras
épocas, é um fator de enorme peso na disseminação dos "quadros". Na cultura da "viralização", as informações se transplan-
tam de um continente a outro em segundos, numa capacidade
exponencial de expansão via curtidas e compartilhamentos
que, simultaneamente, serve em si mesma de "chancela". Dessa
forma, *fake news* muitas vezes são tomadas por verdades incon-
testáveis, por exemplo a ideologia de gênero.[24]

Epidemias antigas, epidemias contemporâneas

A mais conhecida epidemia de histeria ocorreu em 1692 em
Salem, na baía de Massachusetts. Extensamente estudada — e
objeto também da peça *As bruxas de Salem*, de Arthur Miller,[25]
e de versões cinematográficas dela derivadas —, entrou para
a história de forma indelével como "o pesadelo nacional", "o
capítulo distópico"[26] do passado norte-americano. Ao fim de
uma convulsiva sequência de eventos de acusação maníaca e
vãs tentativas de defesa dos inocentes, houve cerca de duzentas
denúncias de práticas de bruxaria e pactos com o demônio;
catorze mulheres e cinco homens foram enforcados, outro

homem morreu esmagado por pedras, recusando-se a confessar; dois cachorros foram mortos e muitas pessoas faleceram devido às condições abjetas em que foram encarceradas.

Muitas outras epidemias de histeria foram repertoriadas por historiadores [27] — casos não menos surpreendentes, como o surto coletivo de dança incoercível de Estrasburgo, que foi abordada pelo físico Paracelso e mencionada por Freud no período mais efervescente de sua correspondência com Fliess. Quando Madonna escreveu sua canção "Music", provavelmente não sabia que os versos iniciais — *"Hey mister DJ/ Put a record on/ I want to dance with my baby/ And when the music starts/ I never want to stop/ It's gonna drive me crazy"** — serviriam da forma mais apropriada possível para descrever o acontecimento. No verão de 1518, nessa cidade da França, quatrocentas pessoas sucumbiram à compulsão de, com ou sem música, dançar de forma frenética, incontrolável, sendo que cem delas o fizeram até a morte.

O episódio durou um mês. Alguns autores quiseram creditá-lo ao efeito da ingestão de um fungo que ataca cereais e pode provocar envenenamento e alucinações. Mas o professor John Waller, que leciona história da medicina da Universidade Estadual do Michigan, considera que isso é parte da "moda" moderna de se encontrar explicações biológicas

---

* Em tradução livre: "Oi sr. DJ/ Coloque um disco para tocar/ Eu quero dançar com meu amor/ E quando a música começar/ Eu não quero mais parar/ Isso vai me deixar louca".

simplórias, dado que os relatos não incluem menções a gangrenas e mortes devidas à restrição do fluxo sanguíneo nas extremidades do corpo. Para ele, trata-se de uma epidemia de histeria, como tantas outras que acometeram a antiguidade e o mundo moderno. Salientando que os eventos de 1518 "abrem uma janela para alguns dos mais extraordinários potenciais do inconsciente humano", Waller ponderou que a epidemia de Estrasburgo foi uma reação histérica de uma população sofrendo de angústia e medo agudos.[28]

As impressionantes epidemias de histeria contemporâneas são tão mais surpreendentes porquanto se produzem agora, aqui e ali, sob nossos olhos e suscitam investigação. Vamos tratar delas, mas antes vejamos três significativas epidemias de épocas passadas: Loudun, no século XVII, Saint-Médard, no XVIII, e Morzine, no século XIX. Lembremos, antes, a maneira pela qual Freud circunscreveu a histeria nos fenômenos ligados à possessão demoníaca:

As possessões correspondem a nossas neuroses, que nós explicamos apelando novamente a forças psíquicas. Para nós, os demônios são desejos maus, rejeitados, rebentos de moções pulsionais rechaçadas, recalcadas. Da Idade Média recusamos apenas a projeção para o mundo externo que ela realizou com esses seres anímicos; nós os deixamos nascer na vida interior dos doentes, onde *é* sua morada.[29]

Loudun: o gozo e o barroco

A epidemia de Loudun inspirou escritores e motivou historiadores. O romancista inglês Aldous Huxley escreveu uma obra intitulada *Os demônios de Loudun*, levada posteriormente para as telas de cinema em 1961 pelo diretor polonês Jerzy Kawalerowicz, em *Madre Teresa dos Anjos*, e dez anos mais tarde também pelo britânico Ken Russell, na película barroca e feérica *Os demônios*. Também com base na obra de Huxley, o dramaturgo e crítico inglês John Whiting escreveu a peça de teatro *The Devils*. Entre os historiadores, o livro *La possesssion de Loudun*, do historiador Michel de Certeau, especialista do século XVII, é a mais completa exposição sobre esse marcante episódio ocorrido em Loudun, cidade francesa de 14 mil habitantes, pouco após ela ter sido devastada pelo retorno da peste bubônica, em 1632.

A situação histórica era muito particular: numa França ainda atravessada por guerras religiosas, o édito de Nantes, promulgado em 1598, visava a reconhecer a liberdade de consciência dos protestantes, ao mesmo tempo que limitava seu culto. Nesse momento decisivo da Contra-Reforma católica, o monarca Luís XIII buscava reafirmar o poder real e divino submetendo as cidades protestantes que prosperavam. Era o caso de Loudun, onde há décadas ocorriam confrontos entre católicos e protestantes. Com a Contrarreforma, novas ordens religiosas surgiram na França, entre as quais a das enclausuradas ursulinas, fundada em 1603 e instalada em Loudun pouco mais de vinte anos depois.

É nesse convento que se instaura, entre 1632 e 1640,[30] uma epidemia de possessões entre as jovens freiras, em crises diabólicas que têm, para Certeau, "a dupla significação de desvelar o desequilíbrio de uma cultura e acelerar o processo de sua mutação".[31] Colocando em cena uma terrível e estranha continuidade entre um real destruidor e um imaginário igualmente tétrico, as primeiras aparições fantasmáticas ocorrem no mesmo momento em que são anunciados os derradeiros casos de peste.

Na noite de 21 de setembro, o fantasma do prior Moussaut, falecido algumas semanas antes, aparece para três freiras, entre as quais a priora Joana dos Anjos. Em menos de uma semana, outros eventos são relatados: uma bola negra atravessa o refeitório derrubando duas irmãs, enquanto outras duas são fortemente golpeadas nas pernas; e o espectro de um homem é visto de costas. No dia 7 de outubro ele acabará sendo identificado por todas as irmãs como o padre Urbain Grandier, que logo é acusado de feitiçaria. Sucedem-se crises de gritos e contorções das freiras — acompanhadas da audição de vozes que as chamam, de golpes, sopros, uma enorme excitação com risos imoderados e involuntários —, já no dia 12 começam as sessões de exorcismo, que chegam a reunir de uma só vez catorze padres. Algumas freiras não eram contidas nem mesmo com a ajuda de muitas pessoas.

A descrição do padre exorcista Dupont merece ser citada na íntegra:

Víamos cinco moças, cada uma delas assistida por dois ou três padres ou religiosos: uma urrava e gritava, se revirando na poeira, fazendo caretas e tudo o que pode produzir horror; outra, falando, rindo, cantando, levantando a mão e a voz... Além disso tudo, o povo ia e vinha, correndo de uma à outra, alguns suspirando, outros desdenhando, a poeira muito espessa, o ar sufocante, com uma fumaça e fedendo a alho, odor comum nos camponeses. Eu asseguro que esta é uma imagem do inferno.[32]

Se no campo religioso a palavra "possessão" (que em francês surge no sentido ligado à feitiçaria no século XII)[33] remete ao diabólico, o latim *possidere*, possuir, tem uma conotação francamente sexual. Não à toa Lacan observava que o desejo é um inferno,[34] e a gíria "inferninho" costuma ser usada para designar lugares de franco erotismo ou até mesmo prostituição. Assim, a possessão é sempre descrita como um acontecimento corporal: o corpo é sacudido por frêmitos feéricos de gozo. O discurso da possessão é o discurso do corpo histérico. O eu consciente da possuída é eliminado e o corpo assume a cena e domina o vocabulário. O demônio se revela numa outra língua, que se mostra essencial em Loudun: caretas, contorções, gemidos, alterações do pulso, da digestão, movimentos da boca, da língua e das pernas, sudorese abundante. Pode-se decerto ver a extrema hipérbole do barroco reinante no movimento pulsional e contraditório dos gestos, na explosão dos sentidos e na exuberância dos contrastes. Como sublinhou Lacan, "de tudo que se desenrolou dos efeitos do cristianismo, principalmente na arte [...], tudo é exibição de corpo evocando o gozo".[35]

Fadadas à clausura absoluta, as ursulinas eram jovens virgens enviadas pela família para o convento, por não terem se casado ou por algum outro motivo. Se sua "vocação" provinha, portanto, da exclusão da vida social com seus prazeres mundanos, então o corpo das ursulinas se torna o lugar privilegiado da revolta. Numa missa, tendo sido ordenado ao diabo que deixasse Joana dos Anjos unir as mãos e receber a comunhão, ela treme com a força que precisa empregar para conseguir fazer o gesto. Ao receber a hóstia na boca, ruge com violência para rejeitá-la; ao engoli-la tem engulhos para forçar o vômito. A língua faz movimentos indecentes, soprando e cuspindo. O corpo se contorce, as palmas das mãos e as plantas dos pés estão unidas, como se estivessem coladas, e muitas pessoas tentam em vão separá-las. O corpo, perdendo sua unidade, torna-se carne, feita de órgãos, membros e funções visíveis, que o diabo, durante um exorcismo, nomeia significativamente de "carne-Deus".[36]

Se o sexo conduz o mundo, como já pôde afirmar a psicanalista Colette Chiland, para entender a possessão que tomou conta das ursulinas de Loudun convém vermos quem era Urbain Grandier, por elas acusado de feitiçaria. Ordenado aos 25 anos de idade, em 1617 torna-se o padre da igreja de Saint-Pierre-du-Marché, em Loudun, posto que ocupará até 1633. Entre 1621 e 1631, ele foi processado diversas vezes por inimigos do grupo provinciano que se opunha a seus modos e o considerava um estrangeiro, não só por não ser da terra, como também por manejar com arrogância a arte das palavras. Como resumiu Jules Michelet, Grandier "em pouco tempo conseguiu criar uma grande animosidade em toda a cidadezinha, tendo as mulheres a seu favor e os homens, quase todos, contra. [...] Todas se lhe entregaram sem reservas".[37] Descrito como um homem alto, belo, sedutor e grande orador, circulavam rumores de que era amante de jovens e viúvas de bom berço — como Madeleine de Brou, filha mais jovem de Dorothée Genebaut e René de Brou, conselheiro do rei e aliado de todas as "boas famílias" da região. Como que para justificar a ligação proibida, Grandier escreve um *Tratado do celibato pelo qual é provado que um eclesiástico pode se casar*, no qual afirma coisas como "O casamento é expressamente ordenado pela lei da natureza, na medida em que sem este ela pereceria" e

Não é uma coisa menos cruel impedir um homem de se casar do que proibi-lo de beber e comer, pois ele não tem uma inclinação menor a uma coisa do que às outras. Talvez o desejo de casamento seja bem mais ardente, seu desejo mais doce e inquietante, na medida em que comer apenas mantém essa breve vida, mas casar faz o homem reviver após a morte em suas crianças.[38]

A obra era dedicada a Madeleine de Brou, e foi assim que o próprio Grandier deu munição a seus inimigos para destruí-lo, aproveitando-se da onda de possessões das ursulinas que o denunciavam como feiticeiro diabólico.

Os testemunhos das freiras durante o julgamento, que durou de 8 de julho a 18 de agosto, revelaram a poderosa fonte erótica de onde provinha toda a possessão: os depoimentos centravam-se na sedução e no fascínio que ele exercia sobre elas. Uma delas declarou: "Depois de ter recebido a comunhão [sempre a comunhão...] do acusado que a olhou fixamente durante essa ação, ela foi *incontinenti* tomada por um violento amor por ele, que começou por um pequeno arrepio em todos os seus membros". Outra contou que "tendo sido detida por ele na rua, ele lhe apertou a mão e *incontinenti* ela foi igualmente tomada por uma forte paixão por ele".[39] O destino de Grandier foi selado, e, mesmo quando uma freira confessou estar acusando um inocente e depois se enforcou, suas palavras verídicas foram consideradas um indicador do poder exercido pelo feiticeiro. Ele foi queimado vivo em 18 de agosto de 1634.

Ao investigar as hipóteses levantadas sobre a etiologia da possessão das ursulinas, o historiador Michel Carmona destaca a acusação de impostura e as supostas causas orgânicas, mas não deixa de sublinhar que "os trabalhos dos médicos do século XIX sobre a histeria abriram a via a uma nova abordagem da possessão".[40] Em 1886, Gabriel Legué e Gilles de la Tourette, médicos que trabalharam na clínica da Salpêtrière, publicaram uma edição comentada da autobiografia de Joana dos Anjos, com um prefácio do professor Charcot que enumerava os sinais reveladores da "paixão histérica":

Os grandes fenômenos somáticos, como os grandes ataques, anestesias sensitiva e sensorial, distúrbios vasomotores sob a forma de vômitos de sangue e estigmatas, concorrem com os fenômenos mais particularmente psíquicos, tais como alucinações visuais e auditivas, um estado de sugestionabilidade tão elevado que o espírito age sobre o físico a ponto de determinar o aparecimento de uma falsa gravidez ou uma falsa pleurisia e de influenciar em alto grau diversas secreções.[41]

O lugar do erotismo na epidemia de histeria de Loudun é evidente: "obsessões noturnas, sensações de toques sexuais, obscenidades, atitudes lascivas".[42] É bastante surpreendente que, em 1644, quando Joana dos Anjos já se tornara uma mística, ela tenha escrito sobre seu passado falando de sua participação na possessão em Loudun como uma verdadeira cúmplice: "Na maioria das vezes, eu notava que eu era a causa primeira de meus distúrbios e que o demônio só agia a partir das entradas que eu lhe dava". Ela acrescenta ainda, sobre o episódio em que cuspira na cara do padre exorcista: "Sei bem que não fiz essa ação com liberdade, mas estou segura de que, com minha grande confusão, dei ocasião ao diabo para fazê-la, e que ele não teria tido esse poder caso eu não estivesse de nenhum modo ligada a ele".[43] Joana reconhece assim sua participação na possessão e nos leva a lembrar de uma das perguntas mais cruciais transmitidas por Freud a seus discípulos, quando perguntou a sua paciente histérica Dora: "Qual a sua parte nessa história de que te queixas?".[44]

A diferença entre a feiticeira e a possuída é aqui essencial, no que diz respeito ao modo como sua posição subjetiva é interpretada pelo discurso religioso. A primeira era condenada à morte por ter uma participação no ato de possessão demoníaca: ela aceita o demônio e até mesmo o invoca; ao passo que a possuída é perdoada por não ter participação ativa e sim ser o objeto de uma dominação que ela repudia com veemência. Como precisou Alain Didier-Weill, a possuída é a histérica sintomatizada pelo conflito entre o desejo e sua negação, ao passo que a feiticeira representa a histérica curada:[45] ela não resiste ao sexo e, invocando o demônio com todo o seu ser, sustenta uma posição ética em que não cede de seu desejo.[46]

Saint-Médard: teatro da não-relação

O pequeno cemitério da igreja de Saint-Médard, em Paris, foi o epicentro de uma célebre epidemia de histeria que durou mais de trinta anos, de 1727 a 1760. Ali, eventos supostamente milagrosos evoluíram até se transformarem em espantosas convulsões em massa que acabaram dando o nome a esse episódio histórico: os convulsionários de Saint-Médard.

Interessado nas epidemias de histeria que ele denominava de "a grande neurose", Charcot forneceu um relato minucioso de Saint-Médard na obra *Les démoniaques dans l'art*, escrita a quatro mãos com seu colega Paul Richer. Embora avaliasse que podemos encontrar outras neuroses (como a epilepsia e a hipocondria) dissimuladas nos casos de possessão descritos nas antigas epidemias, para ele "a histeria é aquela que nesse caso parece ter desempenhado quase sempre o papel mais considerável".[47] Como demonstram as representações feitas pelos artistas, as agitações e contorções dos antigos "demoníacos" decalcam a sintomatologia histérica.

Charcot e Richer distinguem três fases nas impressionantes ocorrências de Saint-Médard que sacudiram Paris. A primeira diz respeito às curas milagrosas que começaram a se produzir junto ao túmulo do diácono François Pâris, falecido em 1º de maio de 1727, aos 37 anos de idade. Elas ocorrem de início com sobriedade, com os doentes realizando novenas e deitando-se sobre o túmulo ou beijando a terra em torno do sepulcro, e se estendem até o final de agosto de 1731. O tititi se encarrega de espalhar rapidamente que Pâris é um santo, intensificando a analogia de seu epitáfio: "A exemplo de são Paulo, ele mesmo preparava sua alimentação… vivia de pão dormido e água, acrescentando às vezes legumes, comia apenas uma vez ao dia. Dormia no chão, passava as noites rezando…".[48]

O primeiro milagre ocorre já no dia de seu enterro, quando uma idosa, Madeleine Beigney, vê-se curada de uma paralisia no braço. Outros se sucedem de imediato: alguém que recupera a visão, outro que é curado de uma doença obscura. Se o miraculoso é prolixo, "cada milagre resta singular".[49] A incredulidade de muitos se expressa pelo sarcasmo — como Voltaire, que escreve versos sardônicos narrando como os abençoados veem suas "curas" se dissipar num piscar de olhos —, mas ela também é punida: a viúva Lorme finge que está mancando a fim de atravessar a multidão de crentes e chegar ao túmulo divino; eis que, junto à tumba do diácono, ela sente seu lado direito inchar e ficar inteiramente paralisado... Clamando por misericórdia, tendo recebido a benção milagrosa sob a forma invertida, ela confessa publicamente que fora até ali por zombaria.

Na segunda fase, surgem as convulsões, cuja significação é logo atribuída ao fato de que as dores fortes são necessárias aos doentes em busca de cura. Mas em 27 de janeiro de 1732, diante do incontido aumento do número de convulsionários e da frequência inusitada dos ataques, o rei publica uma ordem para fechar a porta do pequeno cemitério da paróquia de Saint-Médard, exceto para os casos de inumação. Além disso, determina também a prisão de alguns convulsionários mais conhecidos. O rei se baseia em dois argumentos: a opinião dos médicos de que as convulsões visam a "surpreender a credulidade do povo" e o caráter erótico das mesmas, por estar levando a discursos licenciosos e à libertinagem.[50] Vê-se que não demorou muito para o sexual fazer sua entrada estrondosa e o gozo excessivo identificado nas manifestações de massa ser alvo da interdição.

Começa então a terceira fase, com a epidemia plenamente constituída, e constata-se, uma vez mais na história, que os meios de repressão apenas serviram de estímulo aos convulsionários. É assim que um pouco de terra recolhido junto ao santo sepulcro produzirá "curas maravilhosas" em todos os bairros de Paris, chegando às províncias. Convulsões extraordinárias e violentas, muito mais surpreendentes que as anteriores, tomaram de assalto uma multidão de pessoas. Com elas, surgiram igualmente outras formidáveis manifestações: predições, preces, exortações, pretensão de produzir milagres, falas em línguas inusitadas, atos extravagantes — enfim, "os diferentes fenômenos do delírio histérico e do êxtase, junto às manifestações variadas da monomania religiosa", como concluem Charcot e Richer.[51] Perseguidos pelas autoridades reais, os convulsionários passaram a realizar reuniões clandestinas que movimentavam todas as classes sociais.

Charcot e Richer salientam que, "nos relatos que ficaram desses milagres e das convulsões que os acompanhavam, é fácil reconhecer o papel importante desempenhado pela grande histeria".[52] Considerando que o grande ataque convulsivo é uma das primeiras manifestações da histeria, os autores apresentam um estudo comparativo das fases da grande histeria com a iconografia sobre as convulsões ocorridas em Saint-Médard. A superexcitação que reina nessas imagens leva-os a concluir sem hesitação:

> Desde as antigas possuídas, que se inflamavam de amor por certos padres enquanto injuriavam e golpeavam os exorcistas, até as histéricas modernas, que se conduzem igualmente em relação aos médicos chamados para cuidar delas, passando pelos convulsionários de Saint-Médard, vemos que a exaltação dos sentimentos não mudou em nada, e que sua manifestação sempre empregou os mesmos meios extremos.[53]

O ataque histérico completo e regular se compõe de quatro
períodos e é precedido por certos pródromos, às vezes alguns
dias antes: mal-estar, inapetência, vômitos, comportamento
taciturno, melancólico ou superexcitado, bem como alucinações visuais, câimbras, tremores, abalos corporais, vertigem.
Além disso, são frequentes dores ovarianas que se irradiam
para o epigástrio, taquicardia, zumbidos, obnubilação da vista.
Nessa plasticidade sintomática notável, o corpo se revela sede
do gozo difuso que percorre um movimento migratório, tal
qual o deslocamento do útero "ávido de bebês" hipocrático.
A perda de consciência antecede o ataque com seus quatro
momentos: período epileptoide; período de contorções e de
grandes movimentos ou período de clownismo; período das
atitudes passionais; período terminal. Eles encontram uma
perfeita ilustração nas gravuras que retratam Saint-Médard.[54]

Ao sublinhar, em seu magistral seminário sobre o feminino,
Mais, ainda, que as mulheres são sacudidas, socorridas, Lacan
parece se referir implicitamente ao episódio de Saint-Médard
e seus chamados "socorros" (*secours*). Dirigidos aos convulsionários, os socorros eram as diversas práticas que tinham como
objetivo aliviar a angústia da convulsão e despertar a proteção
divina, para mostrar que "Deus põe, de tempos em tempos,
uma força prodigiosa nos membros de certos convulsionários,
e até nas fibras mais tenras, frágeis e delicadas, e que essa força
é extraordinariamente superior aos mais violentos golpes".[55]

Havia os pequenos e os grandes socorros. Os primeiros
consistiam em toques, pressões, golpes moderados em várias

Período epileptoide

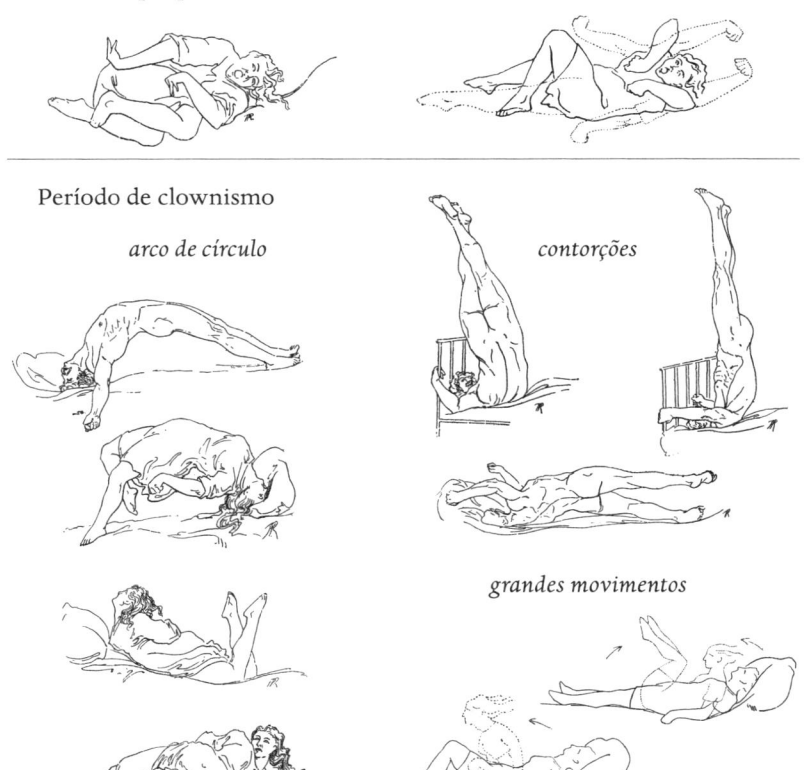

Período de clownismo

arco de círculo

contorções

grandes movimentos

Período das atitudes passionais

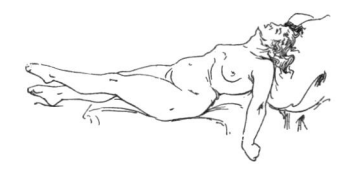

Período terminal

partes do corpo, sendo que "a satisfação de instintos lúbricos desempenhava aí um papel significativo".[56] Os segundos consistiam em violências atrozes, feitas com hastes, barras de ferro, martelos, pedras, que serviam para dar golpes repetidos; eram usados igualmente instrumentos perfurantes como alfinetes, pregos longos, espadas que transfixavam a carne. Charcot compara os grandes socorros, denominados também de "socorros assassinos", às torturas dos faquires indianos, e chama a atenção para a profunda anestesia geral — característica da grande histeria nos convulsionários —, que lhes permitia se submeter a tais suplícios. Além disso, considera bastante significativo que a excitação mecânica de certas regiões do corpo, chamadas de "zonas histerógenas", possa tanto produzir as crises convulsivas quanto proporcionar alívio e suspendê-las como que por encanto: nas mulheres, a compressão do abdome na região ovariana e nos homens, a dos testículos.

Como vimos, a histeria representou, ao longo da história, uma ameaça ao saber constituído — religioso, científico ou psicológico — sobre o sexo. Saint-Médard foi o palco do teatro histérico, que põe em cena a representação que "fura o saber forjado pela cristandade para preencher a hiância da ausência de relação sexual".[57]

O discurso psicanalítico é o único a reconhecer que a histeria denuncia todo e qualquer saber que tenta tamponar esse furo. Ao mesmo tempo, em revanche, os diferentes saberes tentam calar a histérica, marginalizando-a e estigmatizando-a ao nomeá-la de feiticeira ou doente mental — e, mais violentamente ainda hoje em dia, negando sua própria existência nos manuais de psicopatologia, ao pulverizar a tradição psiquiátrica clássica e as descobertas da psicanálise. Através dessa negação de sua existência é negado, no fundo, aquilo que ela desvela: a inexistência da relação sexual.

Morzine: ciência *versus* religião

A epidemia de histeria ocorrida em Morzine, na França, na segunda metade do século XIX, chama a atenção por representar à perfeição o deslocamento, na cultura, da dominância do discurso religioso para o discurso da ciência: ela ficou inscrita nos registros médicos como epidemia histero-demonopática,[58] termo que associa psiquiatria e bruxaria.

Comuna nos Alpes franceses, Morzine era então "um vilarejo montanhoso de difícil acesso, vivendo confinado sobre si mesmo e constituído por uma comunidade de estruturas arcaicas, usos e costumes inalterados, centrados na obediência religiosa, única lei reconhecida", como precisou a psicanalista Diane Chauvelot.[59] Lá, por dezesseis anos, entre 1857 e 1873, ocorreu um verdadeiro *"remake"* das ursulinas de Loudun.

Segundo os registros médicos (e é significativo que não haja relatos testemunhais das vítimas dessa epidemia, que somaram algumas centenas), tudo começou no dia 14 do mês de março, com a crise de uma menina de dez anos, Perrone Tavernier, que estava naquele momento feliz pela proximidade de sua primeira comunhão.[60] Saindo da igreja determinado dia, viu uma menina ser retirada do rio, onde quase se afogara. Embora impressionada e amedrontada, a criança não deixou de ir à aula das freiras, mas poucas horas depois caiu em sua carteira como se estivesse morta, assim permanecendo durante horas. Alguns dias depois, a mesma coisa ocorreu na igreja, e alguns dias mais tarde também em sua casa; a partir daí, Perrone passou a desmaiar de tempos em tempos.[61]

A seu caso segue-se, dois meses depois, o de outra menina, igualmente futura comungante. Os boatos sobre a situação das duas — descritas nos relatórios como sendo "muito pias e de uma inteligência precoce, louras, com um aspecto franzino, mas, no entanto bem-comportadas até então" —[62] se espalham rapidamente em narrativas dos fatos, dos gestos e das palavras de ambas. Elas apresentam alucinações de conteúdo místico, que serão responsáveis pela interpretação a ser atribuída a esses fenômenos:

> Elas permaneciam imóveis, reviravam os olhos para o céu, depois estendiam os braços para o alto, pareciam receber alguma coisa, faziam movimentos de alguém que abre e lê uma carta: essa pretensa carta ora lhes causava um grande prazer, ora lhes inspirava um profundo desgosto. Depois disso, agiam como se tornassem a dobrar o papel e o devolvessem ao mensageiro invisível que o tinha trazido. Logo após, voltando a si, elas contavam que haviam recebido uma carta da Santa Virgem, dizendo-lhes coisas amáveis, e que a seu convite tinham estado no Paraíso,

que era muito bonito. Quando a carta desagradava, diziam que tinha vindo do Inferno.[63]

Tais fenômenos que ninguém podia explicar foram se estendendo a um grande número de meninas, moças e mulheres.

Havia na história remota de Morzine o relato da presença de feiticeiros que, desde o século XVI, assombravam a localidade e eram responsáveis pela infinidade de pessoas possuídas por demônios que caíam nas malhas dos tribunais da Inquisição. Assim, a hipótese inicial sobre os eventos sobrevindos em março de 1857 não poderia ser outra senão a da possessão diabólica.

É nesse ambiente receptivo às hipóteses religiosas sobre o mal que o pai de Perrone pergunta se alguém a tocou. Ela responde que uma velha de Gest, aldeia vizinha, a tocara no ombro. Depois, afirma que fora o adjunto do prefeito, Chauplanaz, que lhe passara o mal. Com a designação dos feiticeiros, abre-se o campo da possessão e da crença no demoníaco, reatando com a tradição inquisitorial do passado. Proliferam predições das meninas sobre os próximos a serem acometidos do mal. O demônio se apresenta em toda parte:

Umas confessam que ignoram como o mal as tomou; outras asseguram mesmo que, enquanto foram bem-comportadas, não acreditavam muito na possessão de suas colegas, mas que o mal as obrigou a acreditar. Em geral, todas o atribuem a um olhar, a um toque, a um malefício desse ou daquele indivíduo que elas acusam de feitiçaria.[64]

Mas nada detém o avanço das superstições, que proliferam exponencialmente. Tal como na célebre cena do *Fausto* de Goethe
que antecede o surgimento de Mefistófeles, algumas meninas
apresentam crises ao verem um cão preto cruzar seu caminho
ou passar diante de suas casas: "Ele era Chauplanaz metamorfo-
seado".[65] As buscas por causas hereditárias para os padecimentos
revelaram que a mãe de Perrone, sofria desde 1856 de dores de
estômago, espasmos e convulsões (sintomas que serão encon-
trados depois em cada uma das doentes, especialmente a dor
epigástrica, que sempre surge anunciando o mal), mas ainda assim um dos médicos concluiu que era mais difícil afirmar o que
não provocava a crise do que o que a desencadeava... O cura de
Morzine apelou para os bons resultados obtidos pelo exorcismo.

Possessão ou doença? Uma batalha de poder foi travada
nesse momento entre a religião e a ciência; por isso, quando
a medicina entra em cena é para fazer com que seu saber su-
plante o da religião. O dr. Buet, médico em Morzine, afirmou
que se tratava de uma doença, embora paradoxalmente não pudesse incluí-la em qualquer quadro clínico conhecido. Consta-
tou o aparecimento de um estranho mal no qual predominava
um estado convulsivo acompanhado de fenômenos extraordinários e inexplicáveis. O governo imperial então enviou ao
vilarejo, como mandatário, o dr. Constans, médico inspetor-
-geral de asilos de alienados. Seu saber forneceu a resposta
que subverteu o saber religioso e impôs a vitória da ciência
médica ao incluir a possessão em seu discurso: tratava-se de
histero-demonopatia, quadro ambíguo que curiosamente associa religião e ciência.

Como falamos, a estrutura de interrogação própria à histeria leva os histéricos (os sujeitos de modo geral, na verdade, pois a estrutura discursiva de base na neurose é a histeria) a dirigir ao saber dominante sua interrogação maior, "quem sou eu?". Se nas epidemias de histeria da Idade Média tratava-se de invectivar o saber religioso através das possessões diabólicas que se inscreviam na estrutura discursiva da igreja medieval, agora, em Morzine, estamos precisamente no momento em que a histeria se desloca do discurso religioso para o discurso médico — ou seja, em que surge a confrontação da histeria com a ciência e a histérica passa do estatuto de possuída ao de doente. É significativo que os acontecimentos de Morzine abarquem o intervalo de tempo entre a publicação do *Traité clinique et thérapeutique de l'hystérie*, de Paul Briquet (1859), e o início das experiências de Charcot com hipnose, junto às pacientes histéricas na Salpêtrière (década de 1870).

Como sublinhou Gérard Wajeman, Morzine se situa justo "entre um primeiro tempo em que a histeria recebe o direito à ciência [Briquet] e um segundo em que ela será reconhecida como entidade clínica [Charcot]":[66]

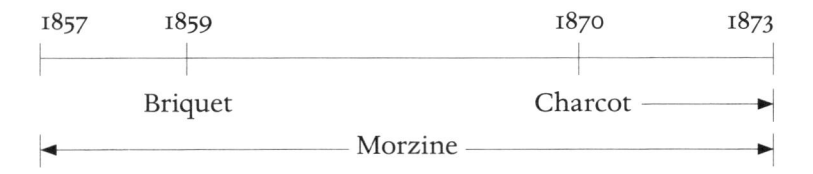

Dirigindo-se desde então à medicina e à psiquiatria, novos saberes dominantes, e a seus respectivos mestres, a histeria, contudo, alojou-se mais uma vez num lugar estranho, no qual teria ao mesmo tempo reconhecido e negado seu estatuto de doença mental.

Com o advento da psicanálise, a histeria adquiriu inicialmente o estatuto de psiconeurose, ao lado das obsessões e fobias, e, como vimos, passou mais tarde a ser considerada uma forma excelsa da manifestação subjetiva. Contudo, a partir do dsm-3 houve um rechaço profundo das principais teses psicanalíticas que até então dominavam a psicopatologia: os diferentes elementos que compõem os quadros histéricos foram pulverizados em diversos tipos de transtornos, fazendo com que a histeria desaparecesse como quadro clínico. Terá essa exclusão levado a histeria a se dirigir à medicina e à cirurgia com suas demandas de alteração corporal?[67]

As epidemias de contágio histérico oscilam no interior de um leque muito amplo: o fenômeno da moda, por exemplo, que domina o planeta durante as quatro estações do ano lançando cores, modelos e padrões novos de vestimenta e comportamento, é sem dúvida uma forma de adesão identificatória maciça que não pode ser considerada patológica em si mesmo, mas que muitas vezes pode assumir um aspecto excessivo. E todo excesso traz em si o germe de sua própria destruição, enunciou Freud, ressoando a filosofia de Sêneca.[68]

Em outra ponta do espectro estão contágios incomparavelmente mais graves, ainda que menos abrangentes. Recentemente a mídia foi invadida por notícias trágicas em torno de um jogo on-line para adolescentes, A Baleia Azul, cujo desafio final para se conquistar a vitória é nada mais, nada menos do que o suicídio! Concomitantemente, terapeutas têm manifestado preocupação por encontrarem um número cada vez maior de adolescentes que apresentam pensamentos ou tentativas de suicídio e praticam o *cutting* e outras formas de automutilação. São fenômenos que contagiaram jovens de todo o mundo de modo espetaculoso e que podem ser situados como uma espécie de propagação social em redes, movida por uma poderosa identificação histérica, comum entre adolescentes e jovens adultos. Reunidos em grupos pelas redes sociais, descrevem a forma como se cortam, revelam os objetos utilizados na mutilação e compartilham fotos e vídeos, incluindo imagens de suicídios.

Assim como a Momo, personagem de aparência aterrorizante criada e veiculada pelo aplicativo WhatsApp, que desafiava jovens, o Slender man (que deu origem ao filme *Slender man: pesadelo sem rosto*, de Sylvain White, 2018) também foi criado nas redes, e tragicamente operou como veículo de sugestão para duas meninas de doze anos darem diversas facadas numa colega da mesma idade. Ambas declararam terem sido incitadas pelo personagem alto, magrelo, com braços finos e compridos e sem rosto da internet.[69]

Elaine Showalter, como vimos, já havia chamando a atenção para o impacto produzido pela mídia sobre as pessoas, mobilizando maciçamente as cadeias identificatórias em determinadas direções.[70] Numa obra em que critica as psicoterapias autoritárias que operam pela sugestão, tão em voga na atualidade, Jean-Claude Maleval, uma das maiores autoridades na pesquisa sobre o tratamento psicanalítico das psicoses, repertoriou três grandes surtos epidêmicos ocorridos no século xx. Todos podem ser compreendidos como manifestações sociais da histeria: abduções, abuso sexual e personalidade múltipla.[71] Muito relevante é o fato de que essas três epidemias foram todas "comandadas" por pessoas que se pretendem psicanalistas: respectivamente John E. Mack, Jeffrey M. Masson e C. Wilbur. Isso significa que o saber supostamente psicanalítico referendou e até mesmo favoreceu a disseminação dessas estranhas epidemias psíquicas, que sem tal "bênção" provavelmente desapareceriam como fenômenos que não mereciam ser levados a sério.[72] É sobre essas e outras epidemias de histeria contemporâneas que nos debruçaremos agora.

Abduções extraterrestres

Em 1981, o escultor novaiorquino Budd Hopkins publicou o livro *Missing Time*, no qual aventou a inusitada hipótese de que determinados fenômenos de esquecimento de algum período de tempo devem-se a sequestros realizados por seres extraterrestres. Seis anos mais tarde, sua obra *Intruders* deu prosseguimento a essa ideia, dessa vez através de depoimentos que narravam abduções alienígenas cujos objetivos eram práticas sexuais e reprodutivas.

As epidemias de abdução constituem um efeito tardio das primeiras notícias sobre discos voadores, surgidas em junho de 1947 nos Estados Unidos, quando o piloto Kenneth Arnold viu naves luminosas semelhantes a um prato. Na semana seguinte, foi divulgada a queda de um disco voador em Roswell, cidade no Novo México. Em 1966, Barney e Betty Hill declararam ter sido abduzidos e passaram a ser reconhecidos como precursores de relatos que se popularizaram nos anos 1970 em narrativas padronizadas de que "seres de outros planetas estariam visitando a Terra para investigar a sexualidade dos seres humanos".[73]

A infinita curiosidade humana sobre a sexualidade é assim projetada nos alienígenas… Freud já havia estabelecido uma conexão direta entre a busca de conhecimento e a curiosidade da criança sobre a vida sexual, formulando que as perguntas insistentes que ela incansavelmente faz remetem sempre a uma única interrogação: "De onde vêm os bebês?". Não é preciso estudar psicanálise em profundidade nem ter uma longa experiência clínica para admitir que a primeira curiosidade que se demonstra em relação a um bebê — "é menino ou menina?" — mostra que nosso interesse primordial é, desde o nascimento de um ser humano, a diferença sexual e tudo o que diz respeito à sexualidade.

Em 1992, David Jacobs, um professor de história da Temple University da Filadélfia, publicou *Firsthand Accounts of UFO Ab-*

ductions, em que estudava os casos de abdução de seres humanos por extraterrestres. O livro foi prefaciado por John E. Mack, professor de psiquiatria de Harvard, que já escrevera uma obra sobre o pesadelo que se tornou referência sobre o assunto e ganhara o prêmio Pulitzer por uma biografia psicanalítica de Lawrence da Arábia. Dois anos depois, o próprio Mack publicou *Abduction: human encounters with aliens*, no qual apresenta treze casos que, sob hipnose facilmente obtida, se queixam de solidão e pesadelos terríveis, assim como de marcas corporais leves: cortes, vermelhidão, pequenos sangramentos. As cenas de sedução descritas pelas pessoas abduzidas incluem todo tipo de penetração com tubos e se apresentam como verdadeiros "estupros cirúrgicos", vaginais e anais. Elaine Showalter faz rir ao comentar essas abduções extraterrestres introduzindo sua "Lei de Showalter": um especialista é tão mais notável quanto mais estranha é a *hystoria* por ele abordada. Para ela, David Jacobs é o Charcot da abdução extraterrestre, "aquele que tenta determinar seus sistemas, regras e leis" e John Mack "é o Freud, o filósofo, pensador e teórico".[74]

Jean-Claude Maleval localiza nesses relatos da chamada síndrome de abdução extraterrestre "inúmeros elementos sintomatológicos que permitem evocar a estrutura histérica dos sujeitos implicados".[75] De três a nove vezes mais frequentes em mulheres do que em homens (o que fala também a favor de histeria), na maioria dos casos tais relatos não apresentam a certeza delirante que seria, em princípio, patognomônica de um quadro de psicose. Ao contrário, pondera Maleval, teriam permanecido apenas na atividade fantasística de alguns sujeitos se não tivessem sido elevados por supostos especialistas em doença mental ao patamar de verdadeiras síndromes, em seguida difundidas para toda sociedade pela mídia ávida de "novidades científicas". O que fica claro é que a aliança do discurso "científico" com as mídias sociais e eletrônicas é responsável hoje pelo rápido crescimento de epidemias de vários tipos.

Síndrome de Fadiga Crônica e Síndrome da Guerra do Golfo

Em 1984, na cidadezinha de Incline Village, no Nevada, alguns pacientes da clínica médica de Paul Cheney e Dan Peterson começaram a apresentar uma pletora de sintomas estranhamente conjugados: tonteira, urticária, dor abdominal, faringite, cefaleia, diarreia, taquicardia, dispneia, dores articulares, visão turva, fotofobia, zumbido, alterações ponderais, perda da libido, ausência de sensibilidade na ponta dos dedos, vulnerabilidade ao álcool, escaras, fraqueza generalizada, alopécia e reações alérgicas a certos alimentos.[76] O número de casos cresceu exponencialmente e, ao cabo de um ano, passou de vinte a 160.

Uma onda similar de sintomas múltiplos — mais de setenta, dentre os quais se destacava precisamente o cansaço físico e mental — já havia sido repertoriada pelo neurologista norte-americano George M. Beard a partir de 1880 no quadro denominado de neurastenia. Freud criticou o uso abusivo dessa terminologia em sua época, mas incluiu esse quadro, junto com a neurose de angústia, no grupo das neuroses atuais, em oposição às psiconeuroses.[77]

A causa orgânica da neurastenia foi buscada sem sucesso, e a depressão foi então aventada como origem psicológica do curioso quadro, cuja ocorrência declinou já nas primeiras décadas do século xx e desapareceu nos anos 1970. Nesse mesmo ano, dois psiquiatras redigiram um artigo para o *British Medical Journal* no qual concluíam que aquele fora um episódio de histeria em massa.[78]

Ao longo da década de 1980, ressuscitada pelo surgimento da Síndrome de Fadiga Crônica (sfc), a neurastenia chegou a ser atribuída pelo pesquisador James Jones ao vírus Epstein-Barr, causador de herpes, que se tornou o "vírus da moda" em Holywood. Uma suposta síndrome virótica causadora de profundo cansaço, a *gripe yuppie*, foi anunciada com alarde como uma epidemia misteriosa, e várias clínicas foram abertas para tratar seus sintomas com os mais diversos métodos, desde exercícios e vitaminas até acupuntura.

A epidemia de sfc se estendeu à Europa, onde explicações díspares surgiram: na França, a síndrome se devia a práticas educacionais; na Escandinávia, ao amálgama das obturações dentárias. Nos Estados Unidos, os vírus se mantiveram no pelotão de frente dos agentes etiológicos. Uma verdadeira guerra foi desencadeada entre médicos, pesquisadores, pacientes e mídia. Em maio de 1986, os Centros de Controle de Doenças

(CCDS) norte-americanos anunciaram que não havia provas de que o vírus Epstein-Barr era a causa da síndrome, para indignação de Cheney e Peterson, que assim perdiam o essencial apoio da pesquisa avançada para a configuração científica da patologia. Igualmente atingidos, os pacientes se uniram em grupos de autoajuda para enfrentar o descrédito e deram depoimentos emocionados sobre a evolução de suas doenças.

Em 1988, os CCD divulgaram critérios para diagnosticar a doença: "fadiga persistente e debilitante de no mínimo seis meses de duração, com pelo menos 50% de redução das atividades normais; descartadas outras condições clínicas, inclusive câncer, aids, esclerose múltipla ou distúrbio psiquiátrico crônico".[79] Os pacientes deveriam relatar também ao menos seis entre dez sintomas: febre moderada, garganta inflamada, nódulos linfáticos dolorosos, fraqueza muscular, fadiga excessiva depois de exercícios habituais, dor de cabeça, dor nas articulações, esquecimento, distúrbios do sono e rápida instalação dos sintomas. Contudo, um estudo de 1993 encontrou apenas uma única pessoa entre 13 500 diagnosticadas com a SFC que preenchia os critérios do CCD! Em 1994, a lista de sintomas "necessários" para o diagnóstico foi reduzida para quatro.

Um novo e pomposo nome foi dado na Inglaterra à síndrome: encefalomielite miálgica (ME, na sigla em inglês). Divulgaram-se casos de pessoas famosas acometidas pela doença, como a cantora Cher. As hipóteses de causas orgânicas invadiam a mídia continuamente ao passo que nos relatórios médicos a etiologia psíquica predominava, causando revolta em quem acreditava que invocar fatores psicológicos e sociais — isto é, a histeria de massa — significava desacreditar a verdade de seu sofrimento.

O médico Thomas Stuttaford foi vaiado ao afirmar num programa de televisão que considerava, assim como 75% dos médicos britânicos, que a ME era uma forma de depressão. Depois declarou, peremptório, que havia caído numa armadilha: "Nunca tinha encontrado num auditório tamanha agressão, teimosia e recusa a ouvir, quanto mais a entender qualquer opinião contrária à de quem estava ali".[80] Stuttaford interpretou com precisão a reação violenta das pessoas ao afirmar que elas acreditam que uma doença psicológica é puramente "imaginária" e destituída de valor e assim, sentindo-se agredidas por suas conclusões, elas reagiram especularmente agredindo-o.

Mais essencialmente, deve-se entender que é o fantasma da histeria que assombra as pessoas, que creem que esse diagnóstico significa dizer que o paciente é mentiroso, manipulador, teatral e maquiavélico na invenção de patologias que não existem. Showalter pontua, nessa direção, que se trata da impossibilidade de aceitar um distúrbio psicológico como algo real e da visão distorcida de que semelhantes distúrbios são uma forma de fingir doenças. Ela acrescenta:

A maioria dos médicos e pesquisadores, contudo, afirma que a SFC é uma síndrome psicológica *e* que seus sintomas e efeitos são reais. Stephen E. Straus, que em meados da década de 1980 havia estimulado a pesquisa da conexão com o vírus Epstein-Barr e outras disfunções imunológicas, concluiu em 1988 que é impossível dissipar por completo a noção de que a SFC representa uma condição psiconeurótica.[81]

A chamada Síndrome da Guerra do Golfo, surgida na década de 1990, com sua grande exuberância sintomatológica, teve o mesmíssimo destino da SFC: foi considerada uma patologia orgânica — exposição a produtos químicos, parasitas, fumaça e medicamentos — e teve a hipótese de sua origem psicológica, como estresse pós-traumático, rechaçada pelos doentes. As incidências clínicas do trauma psicológico já haviam sido amplamente estudadas pela psicanálise desde a Primeira Guerra Mundial, sob o nome de neurose traumática; de fato, um dos trabalhos mais importantes de Freud, intitulado *Além do princípio de prazer* (1920), foi construído em torno das questões suscitadas pelos quadros clínicos dos pacientes que recebeu nesse período, que, retornando da guerra, apresentavam graves distúrbios psíquicos. A maioria dos veteranos da guerra do Golfo, possivelmente acuados pelo estigma oriundo do abalo do narcisismo e da vaidade masculina, jamais procurou ajuda psicoterápica. Showalter pontua, com razão, que a consideração das causas psicológicas de tais quadros clínicos — isto é, a admissão de que poderosas emoções haviam sido convertidas em sintomas físicos — não diminuiria o heroísmo nem o valor desses soldados.

Falsas lembranças de abuso sexual

Uma epidemia de falsas lembranças foi desencadeada quando Jeffrey Masson substituiu, em 1980, Kurt Eissler na direção dos Arquivos de Freud e publicou um livro no qual recuperava a teoria do trauma desencadeado pela sedução sexual, que Freud abandonou ao se dar conta do papel desempenhado pela fantasia inconsciente nos relatos das pacientes histéricas.[82] Em sua obra, Masson defende — contra Freud e toda a experiência psicanalítica — o reconhecimento da veracidade dos relatos de abusos sexuais incestuosos e nega a ação precipual exercida pelas fantasias sexuais infantis. Com isso, deu consistência a um movimento de psicoterapeutas que, engajados no movimento feminista e em movimentos religiosos fundamentalistas, afirmam que "o terapeuta deve crer no abuso sexual e que, se seu paciente renega essa etiologia, é seu dever convencê-lo".[83]

O que Freud descobriu e os psicanalistas comprovaram é que as fantasias infantis — com sua intensidade e investimento afetivo acentuado – se misturam com as vivências reais a ponto de os sujeitos adultos não conseguirem separar o que foi fantasiado (e constitui fonte de desejos recalcados) do que foi de fato vivido na infância. Dito de outro modo, torna-se impossível distinguir o factual da ficção, devido ao fato de que a fantasia ocupa um lugar nuclear no aparelho psíquico.[84] Negar isso, como fez Masson, significou retornar à compreensão pré-psicanalítica e à teoria da sedução e do trauma, que Freud abandonou quando se deu conta do alcance decisivo da fantasia inconsciente.

Munidos dessas concepções equivocadas, psicoterapeutas construíram argumentos inacreditavelmente ridículos, que serviam para induzir os pacientes a construir falsas lembranças relativas a supostos abusos sexuais sofridos. Questionários foram elaborados para induzir os pacientes a reconhecer que foram abusados entre os seis e dezoito meses de idade! E para chegar a essa verdade bombástica inteiramente forjada bastava responder de modo positivo a uma dessas perguntas típicas do mais simplório senso comum: "É difícil para você saber o que quer? Você tem medo de ter novas experiências? Se alguém lhe faz uma sugestão, você pensa que deve levá-la em consideração? Você segue as sugestões de outra pessoa como se fossem ordens?"[85]

Considerando, com justeza, essas epidemias histéricas como uma psicopatologia universal da vida cotidiana que reflete os ataques dos antifreudianos à psicanálise, Elaine Showalter mostrou como elas estão interligadas.

Personalidades múltiplas

O Distúrbio de Múltipla Personalidade (DMP) tem um impressionante lastro entre os estudiosos. Em 1966, o psiquiatra inglês Wilfred Abse publicou *Hysteria and Related Mental Disorders*, no qual dedicou um pequeno capítulo ao problema da personalidade múltipla e, tematizando o caso de sua paciente Betty a partir da teoria freudiana, concluiu que as supostas personalidades se tratavam na verdade de "identificações conflitivas na constituição do supereu" e "deficiências do eu" que estavam na base de "reações dissociativas severas" de uma histeria da categoria *borderline*. Abse não deixa dúvidas quanto a incluir a personalidade múltipla como um subtipo clínico no interior da estrutura histérica.[86]

De fato, em *O Eu e o Isso*, Freud formulou que identificações objetais numerosas e incompatíveis podem levar a uma ruptura do eu "em consequência de as diferentes identificações se tornarem separadas umas das outras através de resistências". Mas acrescentou: "Talvez o segredo dos casos daquilo que é descrito como 'personalidade múltipla' seja que as diferentes identificações se apoderam sucessivamente da consciência".[87] Essa brevíssima menção à personalidade múltipla deixa ver que Freud não manifesta grande entusiasmo por ela e que, falando em "o segredo" desse quadro, ironicamente o destitui de qualquer valor heurístico.

A noção de dissociação ocupa um espaço privilegiado na abordagem do DMP. Os importantes trabalhos do antropólogo Georges Lapassade sobre o assunto marcaram os estudos etnopsiquiátricos. Lapassade mostrou que Freud, no início de sua obra, adotou as teses sobre a dissociação da consciência para abordar os fenômenos histéricos, mas que, muito cedo, ao introduzir o conceito de inconsciente, abandonou "tudo o que se relacionava com o paradigma da dissociação: os estados hipnoides, a 'dupla consciência', a prática da hipnose, o trauma sexual como principal fonte da histeria".[88]

Entre 1922 e 1972 foram relatados menos de cinquenta casos de personalidade múltipla, que em geral foram ligados "ao espiritismo, à reencarnação e a médiuns como madame Blavatsky".[89] Contudo, a partir de 1980, o diagnóstico de síndrome da múltipla personalidade se tornaria francamente epidêmico nos Estados Unidos.

Em seu trabalho clássico sobre a relação entre personalidades múltiplas e recuperação de memórias de abuso sexual, a etnóloga Sherrill Mulhern lembra que o filme *As três faces de Eva* (1957) levou às telas o trabalho de dois hipnoterapeutas sobre um caso de personalidade múltipla, trabalho que sugeria que "as personalidades alienantes são reações a traumas sofridos durante a infância".[90] O filme sugeria igualmente que, ao serem revividas para que se lidasse diretamente com elas, a cura sobreviria. Os terapeutas de Eva receberam dúzias de chamadas de mulheres que afirmavam sofrer do mesmo distúrbio. Tais casos iniciais — e autodiagnosticados — foram afastados por serem considerados de contágio histérico. E, para Mulhern, o enorme número de casos que surgiriam nas décadas seguintes não ocorreriam se os pacientes não tivessem recebido o apoio de movimentos sociais de caráter militante.[91]

Concorreu para a disseminação do quadro também a publicação, em 1973, de *Sybil*, de Rheta Schreiber, que relata o caso de uma mulher portadora de dezesseis personalidades, paciente da psicoterapeuta nova-iorquina Cornelia Wilbur, que declarou que após onze anos de psicoterapia conseguiu fundir as personalidades de Sybil numa única. O livro virou best-seller e filme (com Joanne Woodward no papel da médica) — e também desencadeou uma epidemia de diagnósticos de DMP.

A partir daí uma sucessão desenfreada de eventos se produziu, fazendo com que o DMP viesse a se tornar uma verdadeira epidemia no âmbito médico. Em 1977, o primeiro simpósio sobre DMP foi realizado no encontro anual da Associação Psiquiátrica Americana. Em 1982, uma organização nacional de DMP foi fundada e o fenômeno foi parar na capa da revista *Time*. No ano seguinte, um grupo de terapeutas fundou em Nova York a Sociedade Internacional para o Estudo da Múltipla Personalidade e Dissociação (ISSMPD, na sigla em inglês). Publicado em 1987, o DSM-3-R incluiu o DMP em sua lista de patologias e autorizou, assim, a cobertura por seguro saúde. Em 1988, uma revista chamada *Dissociation* foi criada, e em 1990 mais de 20 mil casos haviam sido diagnosticados. No mesmo ano, foi veiculada na imprensa a "informação científica" de que dois milhões de americanos tinham DMP.

Como no caso das outras epidemias de histeria, "os pacientes começam a se informar sobre DMP e, como uma doença contagiosa, ela se multiplica",[92] ressaltou o psiquiatra Donald Ross. E a lista de médicos à frente do movimento de DMP é longa.

Alguns especialistas questionaram a suposta síndrome destacando seu caráter iatrogênico. Paul McHugh, da Universidade Johns Hopkins, assinalou que ela era promovida "por sugestão e mantida por atendimento médico, consequências sociais e lealdade grupal".[93] Ian Racking, professor de filosofia na Universidade de Toronto e pesquisador do assunto, ponderou que a frequência acentuada de casos de mulheres (nove entre dez) fala a favor de histeria. Ele enumerou quatro pontos visando a esclarecer sua hipótese: o fato de as mulheres não expressarem mediante atos violentos, como os homens, a raiva que provoca a dissociação; o fato de a dissociação ser um meio aceito para as mulheres expressarem suas emoções, de outro modo inadmissíveis; o fato de as meninas serem vítimas de abuso sexual mais frequentemente do que os meninos; o fato de as mulheres serem educadas para aceitar as sugestões terapêuticas e os homens, não.[94]

Se em 1994 o DSM-4 relatou que a elevada frequência do distúrbio nos Estados Unidos indicava que a síndrome era específica dessa cultura, um ano depois o trabalho de divulgação internacional realizado por terapeutas dedicados ao tema alastrou o fenômeno mundialmente. Não surpreende, portanto, que em 2015 ainda se encontrasse o relato de um caso de DMP numa revista da Associação Brasileira de Psiquiatria.[95] De todo modo, como demonstra Joan Acocella em ensaio publicado na revista *The New Yorker*,[96] é espantosa a extensão que o DMP obteve na sociedade americana, o que o torna o exemplo paradigmático de epidemia de histeria na cultura contemporânea.

Histeria de gênero

Como vimos ao longo dessa obra, a histeria produz um questionamento incessante sobre os diversos aspectos relacionados à sexualidade, denunciando o fracasso inerente a qualquer tentativa de normatização. Considerando que a problematização intensa da classificação binária dos gêneros, verificada na cultura atual, reflete uma posição francamente histérica, é possível ver nela, mais uma vez, o caráter salutar e até mesmo heroico que vem desempenhando ao longo da história.

A noção de gênero no interior dos estudos feministas e sobre a sexualidade tem origem em 1930, com os trabalhos dos antropólogos Margaret Mead e Bronislaw Malinowski. O estudo de algumas culturas não ocidentais revelou a existência de homens que adotavam comportamentos atribuídos ao sexo oposto, como os mahous na Polinésia e as hijras na Índia. Assim, o termo "gênero" assumiu uma conotação inédita nas ciências humanas, para acrescentar à dimensão sexual um elemento que não se reduz à biologia.

A questão "Sou homem ou mulher?" muitas vezes é fonte de angústia, podendo se agravar quando há discordância entre a identidade sexual e o sexo biológico. Sem saber sobre o próprio sexo pela condição de falantes, alguns sujeitos que assim sofrem foram contemplados pela medicina com a oferta de corrigir o "erro da natureza". Significativamente, foi a partir do encontro entre o sentimento insuportável de alguns pacientes de ter "a alma presa em um corpo errado" e o aceno médico da possibilidade de intervir com hormônios e cirurgias que, em 1953, o endocrinologista Harry Benjamin inaugurou o transexualismo como entidade clínica. Até aquele momento, tratava-se de uma dissociação entre o sexo e algo que ainda não havia sido definido: o gênero. Tal noção ingressa lentamente nessa discussão, sobretudo no que diz respeito à despatologização e ao entendimento da grande diversidade dos casos — efeito da singularidade de cada sujeito.

Assim como Benjamin, o psicólogo John Money se dedicou aos estudos que tinham como objetivo avaliar os componentes biológicos e psicossociais da sexualidade. Enquanto Benjamin, baseado na noção de bissexualidade, construía uma escala que buscava avaliar o grau de discrepância entre esses componentes — escala em que o transexual representava a mais extrema discordância entre eles —, Money, cujo trabalho visava a retirar a homossexualidade do âmbito da patologia, se esforçava para desmontar a relação entre o social e o biológico.

Nos anos 1960, ele convence a comunidade psiquiátrica norte-americana de que o gênero é determinante em relação ao sexo. Na mesma época, a noção de gênero passou a ser utilizada nos escritos feministas e práticas culturais, enfatizando uma oposição universal do sexo baseada na diferença sexual da mulher em relação ao homem.[97] Para a historiadora Joan Scott, há diferentes usos do conceito de gênero, dentre os quais ressaltamos dois: 1) na academia, com o objetivo de legitimar os estudos feministas dos anos 1980; 2) corriqueiramente, para designar as relações sociais entre os sexos, e rejeitar as justificativas biológicas que distinguiam socialmente homens de mulheres, referindo-se a seus papéis culturais.[98] Assim, a noção de gênero proposta pelos estudos culturais encontra na ciência um campo profícuo, o que resulta na inclusão da transexualidade no guarda-chuva nomeado de incongruência de gênero, junto às condições relacionadas à saúde sexual na CID-11.

Passemos agora ao tema da cultura, um dos três fatores elencados por Elaine Showalter para caracterizar uma epidemia de histeria, como vimos: médicos e teóricos entusiastas, pacientes vulneráveis e um ambiente cultural favorável. O fenômeno transexual surgiu poucos anos antes da chamada revolução sexual, ocorrida no mundo ocidental na década de 1960 e marcada pela aceitação crescente das relações homossexuais e poligâmicas. Ela pode ser considerada o resultado tardio do Iluminismo, cujas premissas — superioridade da razão e substituição do teocentrismo pelo antropocentrismo — serviram para entronizar a ciência na base da sociedade tal qual a conhecemos hoje.[99] A revolução sexual recebeu uma significativa influência da obra de Freud, que evidenciava a dissociação entre sexualidade e reprodução, substituindo, no cerne da sexualidade humana, a função reprodutiva pela busca de prazer. Em 1948, a publicação do relatório Kinsey sobre a vida sexual dos norte-americanos corroborou as formulações freudianas. Com o declínio das práticas religiosas e o aumento da alfabetização, os dogmas religiosos relacionados ao sexo perderam força.

A revolução sexual ocorreu em paralelo aos avanços científicos, sejam eles relacionados à reprodução — como o primeiro "bebê de proveta", nascido em 1978, o primeiro mamífero clonado (a ovelha Dolly), em 1996, e o primeiro útero artificial, desenvolvido em 2017[100] — ou à morte, como as máquinas extracorpóreas que executam as funções dos órgãos vitais. Fato é que a reprodução já dispensa, em muitos casos, o encontro sexual entre um homem e uma mulher. Os debates contemporâneos sobre o transumanismo[101] e o "humano aumentado" mostram que o corpo e o prolongamento da vida tornam-se os objetos de consumo mais valiosos do capitalismo em sua associação com o discurso da ciência. Um exemplo surpreendente disso é que a amamentação, que até recentemente só era possível para um organismo de alguém nascido biologicamente mulher, já pode ser realizada por pessoas nascidas no sexo masculino mas que se identificam como mulheres.[102] A biologia já não pode responder com exatidão à pergunta "Sou homem ou mulher?".

Chegamos ao que tudo indica ser o cenário fecundo da epidemia de incongruência de gênero, uma nova epidemia de histeria em tempos da globalização enraizada na discrepância entre sexo e gênero, vivida de forma extrema na transexualidade. A incongruência de gênero é um fenômeno mundial que foi rapidamente integrado no âmbito dos direitos humanos. Recordando a teoria dos quatro discursos de Lacan, no caso das pessoas que demandam a adequação do sexo ao gênero, temos o médico ocupando o lugar do mestre para o histérico; já para quem reivindica um nome para o inominável referente ao sexo, a cultura assume a mestria. Assim, a cultura contemporânea se empenha em responder ao mistério do sexo com o nome de gênero.

Não à toa, até 2014 tínhamos na gramática de gênero 56 possibilidades de identidade de gênero, repertoriadas pelo

Facebook.[103] Implicitamente, cada uma delas quer definir algo, tentando circunscrever uma pequena diferença no léxico sexual no que tange à identidade. A falta de inscrição da diferença sexual no inconsciente leva o sujeito — desprovido do saber sobre o próprio sexo e movido pelo conflito psíquico que opõe a demanda de satisfação pulsional às restrições impostas pela cultura — a apaziguar seu mal-estar através da marca de uma identidade sexual consistente.

Vimos como a estrutura do sujeito, histérica por excelência, apresenta uma notável aptidão à sugestionabilidade, que no caso transparece na grande frequência com que pessoas acometidas pelo sentimento de inadequação entre sexo e gênero se identificam com o diagnóstico de incongruência de gênero, sobretudo a partir do depoimento de outras pessoas. Médicos e teóricos da comunicação vêm chamando a atenção para o fato de que, no mundo da internet em que vivemos, a transmissão planetária de informações produz um contágio psíquico jamais observado. Acreditamos que tal contágio é a mola propulsora do surpreendente aumento de casos de incongruência de gênero, configurando uma nova epidemia de histeria no mundo contemporâneo: a histeria de gênero.

É eloquente a discrepância entre a estatística tradicional sobre a ocorrência de casos de transexualidade,[104] entre 0,002% e 0,014% da população mundial, e o aumento exponencial da procura por ambulatórios e serviços especializados nos últimos anos. No Gender Identity Development Service do histórico Tavistock Centre, de Londres, por exemplo, o número de crianças recebidas aumentou em 400% em cinco anos;[105] na Austrália, uma pesquisa feita em quatro estados revelou que tais casos saltaram de 211 no ano de 2014 para 727 em 2018.[106]

O fenômeno da incongruência de gênero é recente e vários médicos começam a se manifestar a respeito da complexidade e dos riscos que estão em jogo quando ela suscita intervenções corporais médico-cirúrgicas mais ou menos irreversíveis. Os resultados das pesquisas em torno dos efeitos benéficos e prejudiciais do uso de bloqueadores hormonais e hormônios antagônicos ainda são incipientes; complicações inesperadas têm surgido, muitas vezes levando a comunidade médica a se pronunciar de modo enfático. Por exemplo, John Whitehall, da Western Sydney University, declarou considerar a disforia de gênero uma "epidemia psicológica de comportamento", destacando os graves efeitos colaterais desses tratamentos: esterilização, problemas no crescimento ósseo, alteração do sistema límbico e perda de volume cerebral dez vezes mais rápido que aquele esperado no envelhecimento.[107]

Do mesmo modo, do já mencionado Tavistock Centre nos vêm questionamentos relevantes — e o caráter impactante dessa epidemia, bem como sua absoluta atualidade, nos levam a considerações um pouco mais extensas. David Bell, psiquiatra e membro da instituição, expressou recentemente de forma pública sua preocupação ante o desdém por fatores psicológicos e sociais relativos à história dos pacientes que buscam transição sexual — tais como vivências de abuso, de luto e inclusive casos de autismo.[108] O psicanalista Marcus Evans, ex-diretor da clínica, afirmou:

Não creio que estejamos compreendendo o que está acontecendo nessa complexa área, e a necessidade de se adotar uma atitude que examine as coisas de diferentes pontos de vista é essencial. Isso é difícil no atual ambiente, em que o debate e a discussão exigidos são continuamente barrados ou efetivamente descritos como "transfóbicos" ou prejudiciais de algum modo.[109]

Em consequência, Evans pediu demissão do Tavistock Centre movido pela preocupação com o tratamento para mudança de gênero levado a cabo em crianças. Em concordância com nossa hipótese de uma aliança entre a homofobia e a transexualidade — para a qual chamamos a atenção em obra anterior—,[110] alguns especialistas consideram que crianças com questões relacionadas à homossexualidade estão sendo diagnosticadas de modo excessivamente rápido como transgêneros.[111] Vê-se que, aos poucos, a medicina se reposiciona de forma crítica na discussão sobre identidade de gênero e propõe, como estamos fazendo a partir da perspectiva psicanalítica, prudência na abordagem desse assunto.

No Brasil, em recente entrevista, o médico e psiquiatra Alexandre Saadeh, coordenador do Amtigos (Ambulatório Transdisciplinar de Identidade de Gênero e Orientação Sexual do Instituto de Psiquiatria do Hospital das Clínicas da Faculdade de Medicina da USP), sublinhou que a disforia de gênero ocorre de fato em menos de 1% da população, mas que muitos jovens confusos, instáveis e fugindo de um enquadramento social, influenciados pelas mídias e grupos sociais, acabam sendo capturados pela ideia da incongruência de gênero.[112]

A mídia, a propósito, pode por vezes ter um papel terrível, ao se tornar o mais eficaz propagador da vulgarização de pesquisas científicas inconclusivas. Por exemplo, foi veiculado em horário nobre de uma emissora de TV brasileira uma série de quatro episódios sobre a vida de pessoas transgênero, com o propósito de esclarecer o público sobre o tema. Pelas informações do programa, a origem dos transgêneros estaria atribuída à discrepância temporal entre a formação da genitália fetal e o desenvolvimento da área cerebral responsável pela identidade de gênero.[113]

Contudo, essa hipótese está distante de ser unânime. Basta ler o relatório de pesquisa da Johns Hopkins University que conclui, entre outras coisas, que: 1) nenhum estudo corrobora a hipótese de que a identidade de gênero é uma propriedade inata e fixa do ser humano; 2) os estudos comparativos da estrutura cerebral entre pessoas transgênero e não transgênero demonstram fraca relação entre o cérebro e a identidade de gênero e são insuficientes para justificar uma base neurobiológica para a transgeneridade; apenas uma pequena minoria de crianças que manifestam identificação de gênero cruzada segue como transgênero na adolescência e vida adulta.[114]

Vê-se que a própria medicina está dividida, mas tanto os que defendem quanto os que contestam a origem biológica da transgeneridade não levam em conta os processos identificató-

rios inconscientes aos quais todo ser humano está inevitavel-
mente submetido. De fato, não se trata de influência do meio,
mas sim de constituição subjetiva e identificação inconsciente.

Tal como a carta roubada do conto de Edgar Allan Poe, que
para ser ocultada é colocada à vista de todos, há indícios de uma
epidemia inédita de histeria de gênero, através da qual os sujeitos
prosseguem hoje colocando suas perguntas sobre o sexo.

Mesmo advertidos por Lacan de que "a incerteza a respeito
do próprio sexo é justamente um traço banal na histeria"[115]
— porque a anatomia não é o elemento exclusivo que define
a posição sexuada do sujeito no mundo —, o novo contexto
cultural, após todas essas transformações, dificulta a estabiliza-
ção do sentido imaginário que se costuma atribuir à diferença
sexual. Se antes a biologia fornecia ao menos uma marcação
dos papéis reprodutivos, agora nem isso. A dúvida em relação
ao sexo, inerente à estrutura histérica, acentua-se na mesma
proporção em que a ciência ultrapassa seus próprios limites
quanto à modificação dos corpos.

INVESTIGAR AS NOVAS MANIFESTAÇÕES da histeria no mundo
contemporâneo revela muitas surpresas. A sugestionabilidade
histérica, comum a todas as pessoas, se irradia em diferentes
direções, seja na subjetividade, seja na cultura. Trouxemos
nesta obra uma visão ampla sobre os notáveis fenômenos dos
quais a histeria se reveste ao denunciar a impostura dos saberes
sobre o sexo e indicar o não saber que constitui o núcleo psí-

quico de todo ser falante. Foi a histeria que deu nascimento à psicanálise e à compreensão da estrutura enigmática da sexualidade — diversa, errática, exuberante, polimorfa e perversa. A assunção de uma posição sexuada é sempre uma surpresa para o próprio sujeito, devido aos processos inconscientes de identificação e escolha de objeto. A experiência analítica evidencia a sexualidade singular de cada analisando, construída diante do insondável inerente ao real da inexistência da relação sexual. O que a histeria e a psicanálise afirmam juntas é: ninguém autoriza a sexualidade de ninguém.[116]

Tabela: As letras e os matemas deste livro

Símbolo	Como se lê	Nome	Significado
$\$$	S barrado	sujeito do significante; ou sujeito do inconsciente	constituído a partir da linguagem, o sujeito é efeito do significante
S_1	S um	significante-mestre	significante fundador do sujeito
S_2	S dois	saber do Outro	bateria dos significantes
a	a	objeto a	objeto causa do desejo e objeto mais-gozar
$S_1 \xrightarrow{\ \$\ } S_2$ $\downarrow$ a	O sujeito barrado emerge entre dois significantes, produzindo um resto, o objeto a	matema da relação fundamental	representação da emergência do sujeito
$\$ \lozenge a$	S barrado punção de a	matema da fantasia	a fantasia é o suporte do desejo
$\dfrac{\text{agente}}{\text{verdade}} \xrightarrow{\quad} \dfrac{\text{outro}}{\text{produto}}$ //	um agente, movido pela verdade, se dirige ao outro a fim de obter um produto	nomes dos lugares fixos dos discursos	laço social; o discurso funda e define cada realidade
$\dfrac{S_1}{\$} \xrightarrow{\quad} \dfrac{S_2}{a}$ //	S um, movido por S barrado, se dirige a S dois, produzindo a	matema do discurso do mestre/senhor	recalcando sua posição subjetiva, o mestre/senhor escraviza o saber do Outro para este produzir o mais-gozar

Símbolo	Como se lê	Nome	Significado
$\dfrac{\$}{a}$ $\longrightarrow$ $\dfrac{S_1}{S_2}$ //	S barrado, movido por *a*, se dirige a S um, produzindo S dois	matema do discurso da histérica	movida pela verdade do objeto do desejo, a histérica com seu sintoma se dirige ao mestre para que ele produza saber
$\dfrac{a}{S_2}$ $\longrightarrow$ $\dfrac{\$}{S_1}$ //	*a* movido pelo S dois se dirige a S barrado, produzindo S um	matema do discurso do psicanalista	o psicanalista no lugar de semblante de objeto *a* e apoiado no saber verdadeiro (interpretação) se dirige ao Outro como sujeito falante para que este produza seus significantes fundadores
$\dfrac{S_2}{S_1}$ $\longrightarrow$ $\dfrac{a}{\$}$ //	S dois movido por S um se dirige a *a*, produzindo S barrado	matema do discurso do universitário	o saber se dirige ao Outro como objeto para produzir um sujeito conforme

Notas

Introdução (p. 9-17)

1. Jacques Lacan, "A ciência e a verdade". In: *Escritos*.
2. Cf. a avaliação de Darian Leader, *Simplesmente bipolar*.
3. Cf. Patrick Landman, *Todos hiperativos?*.
4. Fernando Ramos, "Do DSM-3 ao DSM-5: traçando o percurso médico- -industrial da psiquiatria de mercado", pp. 223-4.
5. Elisabeth Roudinesco, *Por que a psicanálise?*, p. 48.
6. Ibid.
7. Patrick Landman, *Tristesse business*, p. 37.
8. Cf. <https://brasil.un.org/pt-br/83343-oms-retira-transexualidade-da-lista-de-doencas-mentais> e <http://www.acm.org.br/acm/acamt/index.php/informativos/1344-oms-lanca-a-cid-11-veja-o-que-muda-na-nova-classificacao-internacional-de-doencas>. Acesso em: 19 nov. 2020.
9. O absurdo dessa abordagem que patologiza ao extremo a vida cotidiana pode ser ilustrado com um único exemplo: se o sujeito prossegue sofrendo de tristeza no 16º dia de luto, ele deve tomar medicação antidepressiva, sob o risco suposto de o luto evoluir para uma depressão grave!
10. Verso da canção "Dom de iludir".
11. Charles Melman, *Alcoolismo, delinquência, toxicomania*, p. 94.
12. Cf. Cristina Lindenmeyer, "Le corps féminin et la chirurgie esthétique".
13. Jacqueline Schaeffer, "Histeria", p. 880.
14. A categoria diagnóstica "Incongruência de gênero" foi anunciada pela Organização Mundial da Saúde, na CID 11, como aquela que substitui o Transexualismo (CID 10). Entendendo que a transexualidade não é e nunca foi uma doença, o movimento social LGBTI+ utiliza em seu discurso apenas a palavra "transexualidade", pois o sufixo -ismo denota uma doença.

15. Cf. Elaine Showalter, *Histórias histéricas*.
16. Respectivamente *Anatomia de uma epidemia* e *Todos hiperativos?*.

1. A histeria na história (p. 19-35)

1. Lisa Appignanesi, *Mad, Bad and Sad*, p. 142.
2. Citemos, por exemplo, *L'hystérie dans l'histoire*, de Paul Richer; *História da histeria*, de Etienne Trillat; *Histoire de l'hystérie*, de Ilza Veith; *L'hystérie vous salue bien!*, de Diane Chauvelot; *Historia universal de la histeria*, de Malele Penchansky; *Invention de l'hystérie*, de Georges Didi-Huberman, entre outros.
3. Diane Chauvelot, *L'hystérie vous salue bien!*, p. 10.
4. Charles Melman, *Novos estudos sobre a histeria*, pp. 40-1.
5. Jules Falret, *De la folie raisonnante ou folie morale*, pp. 31-2.
6. Sigmund Freud, *Psicologia das massas e análise do eu*. In: *AE*, v. XVIII, p. 101.
7. Abreviatura de pitiatismo, denominação introduzida pelo neurologista Joseph Babinski, a partir de radicais gregos significando "curável por persuasão", para criticar os trabalhos de Charcot sobre a histeria e questioná-la como verdadeira entidade mórbida. Para Babinski, toda a patologia histérica é simulada e trata-se apenas de "patomimia", imitação de doença. Cf. Jacques Postel, *Dictionnaire de la psychiatrie*, p. 350.
8. Cf. Marco Antonio Coutinho Jorge, "Discurso médico e discurso psicanalítico", p. 17.
9. Denise Maurano, *Histeria: o princípio de tudo*, pp. 31ss.
10. Ibid., p. 16.
11. Cf. Franz Anton Mesmer, *Mémoire sur la découverte du magnétisme animal*, pp. 49ss; Jean Thuillier, *Franz Anton Mesmer, ou l'extase magnétique*, pp. 86ss; Henri F. Ellenberger, *Histoire de la découverte de l'inconscient*, pp. 87-101.
12. Em seu teatro de jardim foi encenada a primeira produção cênica de Wolfgang Amadeus Mozart, a deliciosa ópera *Bastien e Bastienne*.

13. Stefan Zweig, *A cura pelo espírito*, p. 23.
14. Henri F. Ellenberger, *Histoire de la découverte de l'inconscient*, p. 87.
15. Ibid., p. 89.
16. Franz Anton Mesmer, *Mémoire sur la découverte du magnétisme animal*.
17. Elisabeth Roudinesco, *História da psicanálise na França*, v.1, p. 52. Cf. Jean Thuillier, *Franz Anton Mesmer, ou l'extase magnétique*; Franklin Rausky, *Mesmer, ou la révolution thérapeutique*; René Roussillon, *Du baquet de Mesmer au "baquet" de S. Freud*.
18. Stefan Zweig, *A cura pelo espírito*, pp. 59-60.
19. Ibid., p. 69.
20. Henri Ellenberger, *Histoire de la découverte de l'inconscient*, p. 96.
21. Marie-Jean Sauret, "Psicanálise, psicoterapias, ainda...", p. 24.
22. Stefan Zweig, *A cura pelo espírito*, p. 27.
23. Ernest Jones, "The action of suggestion in psychotherapy". In: *Papers on Psychoanalysis*, p. 341.
24. Cf. Jacques Hassoun (Org.), "Freud, 1889-1989: Le voyage à Nancy".
25. Cf. Marco Antonio Coutinho Jorge, "Apresentação: das afasias à histeria".
26. Sándor Ferenczi, "Sugestão e psicanálise", p. 228.
27. Ibid., p. 226.
28. Cf. Marco Antonio Coutinho Jorge, *Fundamentos da psicanálise de Freud a Lacan*, v. 3, p. 160.
29. Sándor Ferenczi, "Sugestão e psicanálise", pp. 223-4.
30. O tratado de Briquet foi amplamente conhecido e citado em sua época, mas caiu no ostracismo com o advento da abordagem psicanalítica da histeria, ao final do século XIX.
31. Os principais dados históricos desta seção foram extraídos da magistral obra de Henri F. Ellenberger *Histoire de la découverte de l'inconscient*, caps. II e III.
32. Jacques Lacan, *O Seminário*, livro II, p. 142.
33. Cf. as considerações de Marco Antonio Coutinho Jorge sobre isso em *Fundamentos da psicanálise de Freud a Lacan*, v.3, cap. "O método psicanalítico".
34. Sigmund Freud, "Charcot". In: *AE*, v. III, pp. 19 e 17.
35. Alain de Mijolla, *Freud et la France*, p. 30.

2. Histeria e clínica (p. 37-70)

1. Sigmund Freud, "Tratamento psíquico (ou mental)". In: *AE*, v. I, p. 126.

2. Sigmund Freud, "Hipnose". In: *AE*, v. I, p. 138.

3. Sigmund Freud, "Tratamento psíquico (ou mental)". In: *AE*, v. I, p. 127.

4. Ibid.

5. Sigmund Freud, "Revisão do livro de August Forel sobre hipnotismo". In: *AE*, v. I, p. 109. O grifo é de Freud.

6. Sigmund Freud, "Prefácio da tradução do trabalho de Bernheim sobre sugestão". In: *AE*, v. I, p. 88.

7. Ibid., p. 92-3.

8. Sigmund Freud, "Psicologia das massas e análise do eu". In: *AE*, v. XVIII, p. 85.

9. Ibid., pp. 85-6.

10. Ibid., p. 121.

11. Gustave Le Bon, *Psicologia das multidões*, p. 35.

12. Freud denomina de grupos artificiais aqueles que se mantêm coesos em função de determinada força externa.

13. Elisabeth Roudinesco e Michel Plon, *Dicionário de psicanálise*, p. 363.

14. Sigmund Freud, "Psicologia das massas e análise do eu". In: *AE*, v. XVIII, p. 101.

15. Ibid., p. 67.

16. Eugène Enriquez, *Da horda ao Estado*, pp. 51ss.

17. Sigmund Freud, "Psicologia das massas e análise do eu". In: *AE*, v. XVIII, p. 67.

18. Jacques Lacan, "Posição do inconsciente no Congresso de Bonneval". In: *Escritos*, p. 854.

19. Piera Aulagnier, "Observações sobre a estrutura psicótica", p. 60.

20. Jacques Lacan, "Yale University, Kanzer Seminar, 24/11/1975", parte das "Conférences et entretiens dans des universités nord-américaines", p. 12.

21. Jacques Lacan, *O Seminário*, livro 20, p. 45.

22. Jacques Lacan, *O Seminário*, livro 9, inédito, lição de 22 nov. 1961.

23. Ibid.

24. Thierry Lamote, *La scientologie déchiffrée par la psychanalyse*, pp. 299ss.

25. Ibid., p. 240.

26. Jacques Lacan, "Motivos do crime paranoico: o crime das irmãs Papin". Cf. igualmente J.-D. Nasio, *Os grandes casos de psicose*, pp. 189-214.

27. J.-D. Nasio, *Os grandes casos de psicose*, p. 205.

28. Henri de Cesbron, *Histoire critique de l'hystérie*, p. 155.

29. Elaine Showalter, *Histórias histéricas*, p. 32.

30. Ou estigma. Jacques Lacan, "Yale University, Kanzer Seminar, 24/11/1975", parte das "Conférences et entretiens dans des universités nord-américaines", p. 11.

31. Carta de Freud a Jung, 12 jun. 1912, apud Jean-Claude Maleval, *Locuras histéricas y psicosis disociativas*, p. 63.

32. Apud Cláudio de Pádua Macieira, *Manifestações psicóticas da histeria*, p. 101.

33. Étienne Trillat, *História da histeria*, p. 284.

34. Charles Melman, *Novos estudos sobre a histeria*, p. 23.

35. Sigmund Freud, "Charcot". In: *AE*, v. III, p. 23.

36. Jeffrey Mousaieff Masson, *A correspondência completa de Sigmund Freud para Wilhelm Fliess (1887-1904)*, p. 225.

37. Ibid., pp. 227-8.

38. Herman Nunberg e Ernst Federn (Orgs.). *Les premiers psychanalystes*, pp. 121-7.

39. Sigmund Freud, "Uma neurose demoníaca do século XVII". In: *AE*, v. XIX, p. 73.

40. Sigmund Freud, "História do movimento psicanalítico". In: *AE*, v. XIV, p. 39

41. Ibid., p. 39.

42. A respeito da evolução dos desenvolvimentos freudianos sobre as estruturas clínicas, cf. Laéria Fontenele, "Estrutura e estruturas clínicas: fundamentos freudianos no ensino de Jacques Lacan", e Marco Antonio Coutinho Jorge, "Freud e a invenção da clínica estrutural".

43. Jean-Claude Maleval, *Locuras histéricas y psicosis disociativas*.

44. David Frank Allen e Dany Nobus, "La rehabilitation de la folie hystérique", p. 11.

45. Cf. Marco Antonio Coutinho Jorge, *Fundamentos da psicanálise de Freud a Lacan*, v. 2, Parte II.

46. Cf. Ibid., v. 1, p. 46.

47. Helen Deutsch, «Quelques formes de troubles affectifs et leur relation à la schizophrénie". In: *Les "comme si" et autres textes (1933-1970)*.

48. "O mecanismo do *como se* que a sra. Helen Deutsch avaliou como uma dimensão significativa da sintomatologia dos esquizofrênicos". Jacques Lacan, *O Seminário*, livro 3, p. 220.

49. Marco Antonio Coutinho Jorge. *Fundamentos da psicanálise de Freud a Lacan*, v. 2, pp. 145ss.

50. Carl G. Jung, "A teoria freudiana da histeria", p. 30.

51. Renata Udler Cromberg (Org.), *Sabina Spielrein, uma pioneira da psicanálise*, p. 26.

52. Sabina Spielrein, *Entre Freud et Jung*.

53. In Renata Udler Cromberg (Org.), *Sabina Spielrein, uma pioneira da psicanálise*.

54. Júlia Cristina Tosto Leite. "Sabina Spielrein e a destrutividade no seio da vida psíquica". In: Nadiá Paulo Ferreira e Julia Cristina Tosto Leite (Orgs.), *Clínica e estrutura*, p. 89. Cf. também, no mesmo livro, os ensaios de Heloneida Neri, "Notas sobre Sabina Spielrein e a origem do conceito de pulsão de morte", e Francisco Frazão e William Amorim de Sousa, "Loucura histérica e diagnóstico diferencial em psicanálise".

55. Cf. Marco Antonio Coutinho Jorge, "Nijinsky, um deus enlouquecido".

56. Respectivamente Romola Nijinsky (Org.), *O diário de Nijinsky*, e Vaslav Nijinski, *Cadernos*.

57. Peter Ostwald, *Vaslav Nijinski, un saut dans la folie*, pp. 278 e 409.

58. Cf. Marco Antonio Coutinho Jorge e Natália Pereira Travassos, *Transexualidade*, pp. 118ss.

59. Sigmund Freud, "Recomendações aos médicos que exercem a psicanálise". In: *AE*, v. XII, p. 118.

3. Histeria e estrutura (p. 71-84)

1. Cf. Marco Antonio Coutinho Jorge, *Fundamentos da psicanálise de Freud a Lacan*, v. 2 e 3.
2. Sigmund Freud, "Fantasias histéricas e sua relação com a bissexualidade". In: *AE*, v. IX, p. 143.
3. Cf. Freud, "Meus pontos de vista sobre o papel desempenhado pela sexualidade na etiologia das neuroses". In: *AE*, v. VII, e Jacques Lacan, "Subversão do sujeito e dialética do desejo no inconsciente freudiano". In: *Escritos*.
4. Sigmund Freud, "Fragmento da análise de um caso de histeria". In: *AE*, v. VII, p. 27.
5. J.-D. Nasio, *A histeria*, p. 45.
6. Cf. Marco Antonio Coutinho Jorge, *Fundamentos da psicanálise de Freud a Lacan*, v. 2, pp. 38ss.
7. Sigmund Freud, "Fantasias histéricas e sua relação com a bissexualidade". In: *AE*, v. IX, p. 146.
8. Robert Stoller, "Faits et hypotheses", pp. 135-6.
9. Chawki Azouri, *La psychanalyse: À l'écoute de l'inconscient*, p. III.
10. Ibid., pp. 112-3.
11. Ibid., p. 114.
12. Jacques Lacan, "A direção do tratamento e os princípios de seu poder". In: *Escritos*, p. 624.
13. A utilização de hormônios femininos em homens também é conhecida como castração química, um método bastante utilizado em diversos lugares do mundo como punição a estupradores e homens que apresentam comportamento sexual compulsivo. Tanto a castração química quanto a física foram sugeridas para homossexuais na década de 1960, quando a prática sexual entre pessoas do mesmo sexo era considerada uma doença social que deveria ser solucionada com remédios. Cf. Eugene de Savitsch, *Homossexuality, Transvestism and change of sex*.
14. Chawki Azouri, *La psychanalyse: À l'écoute de l'inconscient*, p. 109.
15. Diane Chauvelot, *L'hystérie vous salue bien!*, p. 277.

16. Cf. José Monseny, "L'hystérie, langue de base".

17. Sigmund Freud, "Notas sobre um caso de neurose obsessiva". In: *AE*, v. x, p. 124.

18. Charles Melman, *Novos estudos sobre a histeria*, p. 24.

19. Lembremos que o Outro é o lugar dos significantes, como tratado no capítulo 2.

20. Jacques Lacan, *O Seminário*, livro 15, inédito, lição de 21 fev. 1968.

21. Assim como, para Yuval Noah Harari, "nossa linguagem evoluiu como uma forma de fofoca" (*Sapiens: Uma breve história da humanidade*. Porto Alegre: L&PM, 2016, p. 31), consideramos que a fofoca é uma verdadeira formação do inconsciente.

22. Sigmund Freud, "Sobre as teorias sexuais das crianças". In: *AE*, v. ix, p. 198.

23. Erik Porge, *Jacques Lacan, un psychanalyste*, p. 49.

24. Jacques Lacan, "Compte rendu avec interpolations du séminaire de *L'éthique*", p. 8.

25. Jacques-Alain Miller chamou a atenção para a função da Outra mulher na clínica da histeria. Cf. Jacques-Alain Miller, *Extimidad*, p. 103.

26. Cf. Marco Antonio Coutinho Jorge, *Fundamentos da psicanálise de Freud a Lacan*, v. 1, e Jean Clavreul, *A ordem médica*.

27. Jean Szpirko, *L'ombre des mots*, p. 345.

4. O discurso da histérica (p. 85-102)

1. Cf. Jacques Lacan, *O Seminário*, livro 17.

2. Jacques Lacan, *O Seminário*, livro 17, p. 11.

3. Jacques Lacan, "A direção do tratamento e os princípios de seu poder". In: *Escritos*, p. 640.

4. Jacques Lacan, *O Seminário*, livro 20, p. 194.

5. Cf. Jacques Lacan, *O Seminário*, livro 2, especialmente pp. 219-342.

6. Jacques Lacan, *O Seminário*, livro 20, p. 68.

7. Ibid., p. 195.

8. Jacques-Alain Miller, "Las respuestas del real", p. 11.

9. Ferdinand de Saussure, *Curso de linguística geral*, p. 139.

10. Jacques Lacan, *O Seminário*, livro 20, p. 194.

11. Jacques Lacan, *O Seminário*, livro 3, p. 197.

12. Sigmund Freud, "O significado antitético das palavras primitivas" e "O estranho". In: *AE*, v. xi. Cf. igualmente Michel Arrivé, *Linguística e psicanálise* e *Linguagem e psicanálise, linguística e inconsciente*.

13. Jacques Lacan, *O Seminário*, livro 17, p. 144.

14. Ibid., p.11.

15. Jacques Lacan, *O Seminário*, livro 20, pp. 111-2.

16. Ibid., p. 111.

17. Jacques Lacan, *O Seminário*, livro 17, p. 13.

18. Jacques Lacan, *O Seminário*, livro 20, p. 43.

19. Diana Rabinovich, "O psicanalista entre o mestre e o pedagogo", p. 8.

20. Gérard Wajeman, *Le maître et l'hystérique*, p. 14.

21. Jacques Lacan, *O Seminário*, livro 20, p. 45.

22. Jacques Lacan, *O Seminário*, livro 17, p. 40.

23. Ibid., p. 99.

24. Ibid., p. 41.

25. Jacques Lacan, *O Seminário*, livro 18, p. 24.

26. Ibid., p. 12.

27. Gérard Wajeman, *Le maître et l'hystérique*, p. 17.

28. Jacques Lacan, *O Seminário*, livro 17, p. 91.

29. Jacques Lacan, "Subversão do sujeito e dialética do desejo no inconsciente freudiano". In: *Escritos*, p. 822.

30. Jacques Lacan, "Conférences et entretiens dans des universités nord-américaines", p. 63.

31. Jacques Lacan, "Radiofonia". In: *Outros escritos*, p. 436.

32. Jacques Lacan, *O Seminário*, livro 17, p. 122.

33. Cf. Diane Chauvelot, *L'hystérie vous salue bien!*

34. Jacques Lacan, *O Seminário*, livro 18, p. 60.

35. Catherine Millot, *A vida com Lacan*, p. 42.

36. Jacques Lacan, "La troisième".

37. Moustapha Safouan, "Elogio à histeria". In: *Estudos sobre o Édipo*, p. 217.

5. As epidemias de histeria (p. 103-59)

1. Em especial o capítulo 12 da *Psicopatologia da vida cotidiana*, no qual Freud demonstra o conceito de superdeterminação inconsciente, que significa que não existe acaso no aparelho psíquico.
2. Sigmund Freud e Lou Andreas-Salomé, *Correspondência completa*, p. 44, carta de 1º abr. 1915.
3. Residiu aí toda a diferença crucial entre a concepção de Freud e aquela de Wilhelm Reich, para quem a liberação sexual total — a desrepressão — era o objetivo do tratamento psicológico. Para Freud, contudo, o recalque é estrutural (noção de recalque originário) e a desrepressão não pode ser total, pois acaba sempre por esbarrar nele.
4. Jacques Lacan, "Alocução sobre as psicoses da criança". In: *Outros escritos*, p. 362. Marco Antonio Coutinho Jorge desenvolveu, nesse sentido, a ideia da fantasia como freio ao empuxo-ao-gozo da pulsão de morte, na medida em que a fantasia, ao emoldurar a busca imperativa de gozo das pulsões, constitui o princípio de prazer/realidade, cujo efeito principal é a sexualização da pulsão de morte, com a consequente localização e limitação do gozo. Cf. *Fundamentos da psicanálise de Freud a Lacan*, v. 2, cap.2.
5. Jacques Lacan, "O ato psicanalítico". In: *Outros escritos*, p. 376.
6. Cf. Betty Milan, *Brasil: Os bastidores do carnaval* e *O país da bola*.
7. Cf. Marco Antonio Coutinho Jorge, *Fundamentos da psicanálise de Freud a Lacan*, v. 1, p.79-80.
8. Jacques-Alain Miller, *El ultimíssimo Lacan*, p. 38.
9. Ibid.
10. Cf. Dany Robert-Dufour, *A existência de Deus comprovada por um filósofo ateu*, pp. 40-5.
11. Henri Cesbron, *Histoire critique de l'hystérie*, p. 2.
12. Cabe ressaltar que *Histoire critique de l'hystérie* menciona o nome de Freud numa única citação, e ainda assim associado ao de Breuer e sem direito a referência alguma na vastíssima bibliografia apresentada ao final do volume. Entende-se que, sendo discípulo de Babinski, Cesbron não podia dar espaço algum à obra de Freud, mas tal lacuna revela igualmente a dificuldade que a psicanálise teve para pene-

trar no meio médico psiquiátrico francês. Cf. Elisabeth Roudinesco, *História da psicanálise na França*.

13. A esse título, podemos nos referir ao léxico da língua portuguesa, que, conforme registra o *Dicionário Houaiss*, dá ao termo "epidemia" a acepção figurada de: "Generalização rápida e ampla de algo (uso, costume, método etc.) por estar na moda". A etimologia da palavra vai ainda mais além no uso metafórico: "Do grego médico *epidêmia*, derivado do adjetivo *epidêmos*, que faz uma estada num país, donde 'que se propaga'". Cf. Oscar Bloch e Walther von Wartburg, *Dictionnaire étymologique de la langue française*, p. 228.

14. Cf. Henri Ellenberger, *Histoire de la découverte de l'inconscient*; Etienne Trillat, *História da histeria*; Ilza Veith, *Histoire de l'hystérie*.

15. Sigmund Freud, "Histeria". In: *AE*, v. I, p. 45.

16. Michel Maffesoli, *Homo eroticus: Comunhões emocionais*, pp. 109, 111.

17. Patrick Landman, *Tristesse business*, p. 98. Ver também Patrick Landman, *Todos hiperativos?*.

18. Cf. as obras de Elisabeth Roudinesco *Por que a psicanálise?* e *Freud: Mas por que tanto ódio?*

19. Elaine Showalter, *Histórias histéricas*, p. 69.

20. Jacques Lacan, "Prefácio à edição inglesa do *Seminário 11*". In: *Outros escritos*, p. 567.

21. Elaine Showalter, *Histórias histéricas*, p. 37.

22. Ibid., p. 38.

23. Apud Jacques-Alain Miller, *El Otro que no existe y sus comités de ética*, p. 60.

24. O papel desempenhado pela internet na política já foi objeto de estudo de especialistas, como Noam Chomsky e Manuel Castells. Igualmente, seu papel nas políticas da identidade tem sido estudado, entre outros, pela psicóloga e professora de sociologia do MIT, Sherry Turkle.

25. A peça de Miller é uma alegoria do macarthismo e da histeria anticomunista que tomou conta dos Estados Unidos na década de 1950.

26. Stacy Schiff, *As bruxas*, p. 19.

27. Por exemplo: Aix, Béarn, Guyenne, Chinon, Louviers... Cf. em especial Robert Mandrou, *Magistrados e feiticeiros na França do século XVII*.

28. John Waller, *The dancing plague*, pp. 13 e 15.

29. Sigmund Freud, "Uma neurose demoníaca do século xviii". In: *AE*, v. xix, p. 73.

30. É de salientar que a razão faz sua aparição decisiva justamente nesse ínterim: em 1637, René Descartes publica o *Discurso sobre o método*.

31. Michel de Certeau, *La possession de Loudun*, p. 8. Certeau distingue as epidemias de bruxaria das epidemias de possessão que as sucederam. As primeiras são rurais, as segundas, urbanas.

32. Apud Michel de Certeau, *La possession de Loudun*, p. 50.

33. Cf. Oscar Bloch e Walther von Wartburg, *Dictionnaire étymologique de la langue française*, p. 501.

34. Jacques Lacan, *O Seminário*, livro 22, inédito, lição de 18 fev. 1975.

35. Jacques Lacan, *O Seminário*, livro 20, p. 154.

36. Michel de Certeau, *La possession de Loudun*, pp. 71 e 333.

37. Jules Michelet, *A feiticeira*, p. 193.

38. Apud Michel de Certeau, *La possession de Loudun*, pp. 92 e 95.

39. Ibid., p. 242.

40. Michel Carmona, *Les diables de Loudun*, p. 331.

41. Apud Michel Carmona, *Les diables de Loudun*, pp. 331-2.

42. Ibid., p. 332.

43. Apud Michel de Certeau, *La possession de Loudun*, p. 49.

44. Sigmund Freud, "Fragmento da análise de um caso de histeria". In: *AE*, v. vii, p. 32.

45. Alain Didier-Weill, comunicação oral na conferência "L'épidémie transsexuelle: l'hystérie à l'ère de la Science et de la mondialisation?", de Marco Antonio Coutinho Jorge, na Maison de l'Argentine, Paris, 21 out. 2017.

46. Jacques Lacan, *O Seminário*, livro 7, p. 382.

47. Jean-Martin Charcot e Paul Richer, *Les démoniaques dans l'art*, p. 91.

48. Cf. Gérard Wajeman, *Le maître et l'hystérique*, p. 102.

49. Ibid., p. 103.

50. Ibid., p. 105.

51. Jean-Martin Charcot e Paul Richer, *Les démoniaques dans l'art*, pp. 79-80.

52. Ibid., p. 79.

53. Ibid., p. 85.

54. Ibid., pp. 92-102.

55. Apud ibid., p. 86.

56. Ibid., p. 86.

57. Gérard Wajeman, *Le maître et l'hystérique,* p. 106.

58. Cf. Jacques Postel, *Dictionnaire de la psychiatrie,* p. 133.

59. Diane Chauvelot, *L'hystérie vous salue bien!,* p. 262.

60. A relação entre a comunhão e os episódios de possessão pode ser investigada pelo campo semântico da palavra "comunhão" que, do latim *communio,* traz em sua raiz a ideia de união, de comunicação e de estar em relação com alguém. No horizonte, acena inconscientemente o sexual, que está presente também no ato de "receber a santa hóstia", corpo de Cristo. Além disso, o termo "hóstia" significa "vítima oferecida a um deus". Cf. Oscar Bloch e Walther von Wartburg, *Dictionnaire étymologique de la langue française,* pp. 145 e 324.

61. Gérard Wajeman, "A histeria de Morzine", pp. 110ss, e *Le maître et l'hystérique,* pp. 47-8.

62. Gérard Wajeman, "A histeria de Morzine", p. 110.

63. Ibid., p. 111.

64. Ibid., p. 112.

65. Ibid., p. 113.

66. Ibid., p. 37.

67. Cristina Lindenmeyer, "Le corps féminin et la chirurgie esthétique".

68. Cf. Sigmund Freud, *O mal-estar na cultura* e Sêneca, *Da tranquilidade da alma.*

69. O administrador do site onde se originou o Slender man publicou, antes do assassinato, a seguinte mensagem: "Este wiki não apoia ou defende assassinatos, culto nem imitação de rituais de obras de ficção. Há uma linha entre ficção e realidade, e cabe a você perceber onde está essa linha. Somos um site de literatura, não um culto satânico." Cf. <https://g1.globo.com/pop-arte/noticia/2018/08/24/momo-slender-man-e-outras-lendas-da-internet-o-que-e-creepypasta-e-como-ela-invadiu-a-cultura-pop.ghtml>. Acesso em: 8 jan. 2021.

70. Cf. Elaine Showalter, *Histórias histéricas.*

71. Cf. Jean-Claude Maleval, *Étonnantes mystifications de la psychothérapie autoritaire.* Na psiquiatria atual, em que a histeria desapareceu completamente, ainda são descritos casos considerados de personalidade

múltipla e incluídos no diagnóstico de TDI. Cf. Mirian Pezzini dos Santos et al., "Transtorno dissociativo de identidade (múltiplas personalidades): relato e estudo de caso".

72. Jean-Claude Maleval, *Étonnantes mystifications de la psychothérapie autoritaire*, p. 51.

73. Elaine Showalter, *Histórias histéricas*, p. 247.

74. Ibid., p. 246.

75. Jean-Claude Maleval, *Étonnantes mystifications de la psychothérapie autoritaire*, p. 35.

76. Elaine Showalter, *Histórias histéricas*, pp. 155-6.

77. Cf. Marco Antonio Coutinho Jorge, *Sexo e discurso em Freud e Lacan*, p. 13.

78. Elaine Showalter, *Histórias histéricas*, p. 158.

79. Ibid., p. 161.

80. Apud ibid., p. 168.

81. Ibid., pp. 169-70.

82. Jeffrey Moussaieff Masson, *Atentado à verdade: A supressão da teoria da sedução por Freud*. Cf. igualmente Janet Malcolm, *Nos arquivos de Freud*.

83. Jean-Claude Maleval, *Étonnantes mystifications de la psychothérapie autoritaire*, p. 53.

84. Cf. Marco Antonio Coutinho Jorge, *Fundamentos da psicanálise de Freud a Lacan*, v. 2, capítulo "O ciclo da fantasia".

85. Apud Jean-Claude Maleval, *Étonnantes mystifications de la psychothérapie autoritaire*, p. 57.

86. Wilfred Abse, *Hysteria and Related Mental Disorders*, capítulo "Multiple personality".

87. Sigmund Freud, *O eu e o isso*. In: *AE*, v. XIX, p. 32.

88. Georges Lapassade, *La découverte de la dissociation*, p. 80.

89. Elaine Showalter, *Histórias histéricas*, p. 207.

90. Sherrill Mulhern, "À la recherche du trauma perdu: Le trouble de la personnalité multiple", p. 227.

91. Ibid., p. 228.

92. Elaine Showalter, *Histórias histéricas*, p. 217.

93. Ibid., p. 209.

94. Ibid., pp. 211-2.
95. Mirian Pezzini dos Santos et al., "Transtorno dissociativo de identidade (múltiplas personalidades): relato e estudo de caso", pp. 32-7.
96. Joan Acocella, "A política da histeria".
97. Cf. Teresa de Lauretis, "A tecnologia de gênero". In: Heloisa Buarque de Hollanda (Org.), *Pensamento feminista: conceitos fundamentais*, pp. 121-55.
98. Joan Scott, "Gênero: uma categoria útil para análise histórica". In: Heloisa Buarque de Hollanda (Org.), *Pensamento feminista: conceitos fundamentais*, p. 54.
99. Cf. Faramerz Dabhoiwala, *As origens do sexo*.
100. Cf. <https://veja.abril.com.br/ciencia/utero-artificial-pode-ajudar-na-gestacao-de-fetos-prematuros/>. Acesso em: 30 dez. 2020.
101. O transumanismo é um movimento filosófico de abordagem multidisciplinar que permite compreender e avaliar os caminhos para expandir os limites biológicos atrelados aos avanços tecnológicos. Os pesquisadores dessa área se dedicam ao estudo e aperfeiçoamento de técnicas que propiciam maior longevidade e saúde, aprimorando a capacidade intelectual, emocional e física das pessoas.
102. Em 2018, pela primeira vez uma mulher transgênero produziu leite e amamentou um bebê, em consequência de uma terapia hormonal (incluindo bloqueadores de hormônios masculinos e estimuladores da produção de leite). Cf. <https://www.bbc.com/portuguese/geral-43078870>. Acesso em: 27 dez. 2020.
103. Cf. <http://ladobi.com.br/2014/02/56-opcoes-genero-facebook/>. Acesso em: 30 dez. 2020.
104. A ausência de estatísticas sobre a incongruência de gênero ocasionada pela mudança recente da nomenclatura nos faz recorrer aos números referentes ao transexualismo, nomenclatura anterior.
105. Traduzindo em números, nesse serviço vimos a procura por parte de jovens com menos de dezoito anos passar de 468 em 2013 para 2519 em 2018. Cf. <https://www.telegraph.co.uk/news/2017/07/08/number-children-referred-gender-identity-clinics-has-quadrupled/> e <https://www.theguardian.com/society/2019/jul/27/trans-lobby-pressure-pushing-young-people-to-transition#maincontent>. Acessos em: 27 dez. 2020.

106. Disponível em: <https://www.diannakenny.com.au/k-blog/item/ 12-children-and-young-people-seeking-and-obtaining-treatment-for -gender-dysphoria-in-australia-trends-by-state-over-time-2014-2018. html>. Acesso em: 27 dez. 2020. Os estados pesquisados foram New South Wales/Sydney, Western Australia, Queensland e Victoria/ Melbourne.

107. Em 2019, Whitehall encabeçou um abaixo-assinado, contando com mais de duzentos médicos, enviado ao ministro da Saúde australiano demandando atenção a essa realidade. Cf. <https://www.dailymail. co.uk/news/article-7505617/Professor-John-Whitehall-doctors-want- parliamentary-inquiry-childhood-gender-dysphoria.html>. Para um questionamento referente à situação no Reino Unido, cf. <https:// www.thetimes.co.uk/article/sex-change-drugs-that-delay-puberty-put- ting-healthy-children-in-danger-cnvzhrn6n>. Acessos em: 27 dez. 2020.

108. Cf. <https://www.theguardian.com/society/2019/feb/23/child- transgender-service-governor-quits-chaos>. Acesso em: 27 dez. 2020.

109. Cf. ibid. Acesso em: 27 dez. 2020.

110. Marco Antonio Coutinho Jorge e Natália Pereira Travassos. *Transexualidade: o corpo entre o sujeito e a ciência.*

111. Situação que alguns especialistas denominam de ROGD, Rapid Onset Gender Dysphoria (disforia de gênero de início rápido).

112. Cf. <https://paulosampaio.blogosfera.uol.com.br/2019/04/05/ sem-casos-de-arrependimento-diz-especialista-em-transicao-de-ge- nero/>, publicado em 5 abr. 2019. Acesso em: 27 dez. 2020.

113. Cf. a série "Quem sou eu?", exibida no programa *Fantástico* em qua- tro episódios entre 12 mar. 2017 e 2 abr. 2017. Disponível em: <http:// especiais.g1.globo.com/fantastico/2017/quem-sou-eu/>. Acesso em: 27 dez. 2020.

114. Lawrence S. Mayer e Paul R. McHugh. "Sexuality and gender: Fin- dings from the biological, psychological and social sciences". Dis- ponível em: <https://www.thenewatlantis.com/publications/executi ve-summary-sexuality-and-gender>. Acesso em: 27 dez. 2020.

115. Jacques Lacan, "De uma questão preliminar a todo tratamento pos- sível da psicose". In: *Escritos*, p. 552.

116. Referência à fórmula de Jacques Lacan: "O ser sexuado só se auto- riza por si mesmo". *O Seminário*, livro 21, inédito, lição de 9 abr. 1974.

Fontes

DSM

DEMAZEUX, Steeves. *Qu'est-ce que le DSM? Génèse et transformations de la bible américaine de la psychiatrie.* Paris: Les Éditions d'Ithaque, 2013.

LANDMAN, Patrick. *Tristesse business: Le scandale du DSM5.* Paris: Max Milo, 2013.

_____. *Todos hiperativos? A inacreditável epidemia do transtorno de atenção.* Rio de Janeiro: Contra Capa, 2019.

RAMOS, Fernando. "Do DSM-III ao DSM-5: traçando o percurso médico-industrial da psiquiatria de mercado". In: ZORZANELLI, Rafaela; BEZERRA JR., Benilton; COSTA, Jurandir Freire (Orgs.). *A criação de diagnósticos na psiquiatria contemporânea.* Rio de Janeiro: Garamond, 2015.

RUSSO, Jane; VENÂNCIO, Ana Teresa A. "Classificando as pessoas e suas perturbações: a 'revolução terminológica' do DSM-III". *Revista Latinoamericana de Psicopatologia Fundamental,* v. 9, n. 3, pp. 460-83, 2006.

WHITAKER, Robert. *Anatomia de uma epidemia: Pílulas mágicas, drogas psiquiátricas e o aumento assombroso da doença mental.* Rio de Janeiro: Fiocruz, 2017.

Epidemias de histeria

ABSE, D. Wilfred. *Hysteria and Related Mental Disorders: An Approach to Psychological Medicine.* Bristol: John Wright and Sons, 1966.

ACOCELLA, Joan. "A política da histeria" (1998). *Pulsional Revista de Psicanálise* ano XII, n. 123. São Paulo: Livraria Pulsional, jul. 1999.

AUBIN, Nicolas. *Histoire des diables de Loudun, ou De la possession des religieuses ursulines et de la condemnation et du suplice d'Urbain Grandier, curé de la même ville.* Amsterdam: A. Wolfgang, 1693.

BONFATI, Leo. *The Witchcraft Hysteria of 1692. New England Historical Series*, v. I. Wakefield: Pride, 1971.

CARMONA, Michel. *Les diables de Loudun: Sorcellerie et politique sous Richelieu*. Paris: Fayard, 1988.

CERTEAU, Michel de. *La possession de Loudun présentée par Michel de Certeau*. Paris: Gallimard/ Julliard, 1990.

CHARCOT, Jean-Martin; RICHER, Paul. *Les démoniaques dans l'art*. Paris: Macula, 1984.

CHIARA, C. *Les diables de Morzine en 1861, ou Les nouvelles possédées*. Paris: Hachette Livre/ BnF/ Gallica.

HECKER, Justus Friedrich Karl. *The Black Death and The Dancing Mania*, 1832. Tradução de Benjamin Guy Babington. Londres: Cassell & Co., 1888. Disponível em: <https://www.gutenberg.org/files/1739/1739-h/1739-h.htm>. Acesso em: 11 jan. 2021.

MALEVAL, Jean-Claude. *Étonnantes mystifications de la psychothérapie autoritaire*. Paris: Navarin, 2012.

MANDROU, Robert. *Magistrados e feiticeiros na França no século XVII*. São Paulo: Perspectiva, 1979.

MICHELET, Jules. *A feiticeira*. Rio de Janeiro: Nova Fronteira, 1992.

MULHERN, Sherrill, "À la recherche du trauma perdu: Le trouble de la personnalité multiple". In: ASSOUN, Paul-Laurent; ZAFIROPOULOS, Markos (Orgs.). *La règle sociale et son au-delà inconscient, I. Psychanalyse et pratiques sociales*. Paris: Anthropos, 1994.

SANTOS, Mirian Pezzini dos et al. "Transtorno dissociativo de identidade (múltiplas personalidades): relato e estudo de caso". *Debates em Psiquiatria*, ano 5, n. 2. Rio de Janeiro: Associação Brasileira de Psiquiatria, mar./abr. de 2015.

SCHIFF, Stacy. *As bruxas: Intriga, traição e histeria em Salem*. Rio de Janeiro: Zahar, 2019.

SHOWALTER, Elaine. *Histórias histéricas: A histeria e a mídia moderna*. Rio de Janeiro: Rocco, 2004.

WAJEMAN, Gérard. "A histeria de Morzine". *Lugar*, n. 8. Rio de Janeiro, Colégio Freudiano do Rio de Janeiro, 1976.

_____. "La convulsion de Sain-Médard". *Ornicar?*, n. 15. Paris: Lyse, 1978.

_____. *Le maître et l'hystérique*. Paris: Navarin, 1982.

WALLER, John. *The Dancing Plague: The Strange True Story of an Extraordinary Illness*. Naperville: Sourcebooks, 2009.

Histeria

APPIGNANESI, Lisa. *Mad, Bad and Sad: Women and The Mind Doctors*. Nova York: Norton, 2008.

BERLINCK, Manoel Tosta (Org.), *Histeria*. São Paulo: Escuta, 1997.

BOROSSA, Julia. *Histeria*. Rio de Janeiro: Relume-Dumará/ Ediouro, 2005.

BRIQUET, Paul. *Traité clinique et thérapeutique de l'hystérie*. Paris: Baillière, 1859.

CLASTRES, Guy et al. *Vicisitudes de la histeria*. Buenos Aires: Manantial, 1989.

FERREIRA, Nadiá Paulo; MOTTA, Marcus Alexandre. *Histeria: o caso Dora*. Rio de Janeiro: Zahar, 2014.

FERREIRA, Nadiá Paulo; LEITE, Julia Cristina Tosto (Orgs.) *Clínica e estrutura*. Rio de Janeiro: Contra Capa, 2014.

FLORENCE, Jean. *L'identification dans la théorie freudienne*. Bruxelas: Facultés Universitaires Saint-Louis, 1984.

GAUCHET, Marcel; SWAIN, Gladys. *El verdadero Charcot: Los caminos imprevistos del inconsciente*. Buenos Aires: Nueva Visión, 1997.

ISRAËL, Lucien. *L'hystérique, le sexe et le médecin*. Paris: Masson, 1985.

JUNG, Carl G. "A teoria freudiana da histeria". In: *Obra completa, v. 4: Freud e a psicanálise*. Petrópolis: Vozes, 2011.

KALTENBECK, Franz. "Identificacion y compassion". In: CLASTRES, Guy et al., *Vicisitudes de la histeria*. Buenos Aires: Manantial, 1989.

LEITE, Sonia; COSTA, Teresinha (Orgs.). *Letras do sintoma*. Rio de Janeiro: Contra Capa, 2016.

LINDENMEYER, Cristina. "Le corps féminin et la chirurgie esthétique. Une hystérie moderne". *Recherches en psychanalyse*, n. 20, 2015.

MANNONI, Maud et al. *As identificações*. Rio de Janeiro: Relume Dumará, 1994.

MASSON, Jeffrey Moussaieff. *Atentado à verdade: A supressão da teoria da sedução por Freud*. Rio de Janeiro: José Olympio, 1984.

_____. *A correspondência completa de Sigmund Freud para Wilhelm Fliess: 1887-1904*. Rio de Janeiro: Imago, 1986.

MAURANO, Denise. *Histeria: O princípio de tudo*. Rio de Janeiro: Civilização Brasileira, 2010.

MELMAN, Charles. *Novos estudos sobre a histeria*. Porto Alegre, Artes Médicas, 1985.

MILLER, Jacques-Alain. *Extimidad*. Buenos Aires: Paidós, 2011.

MILLOT, Catherine. *Nobodaddy: A histeria no século*. Rio de Janeiro: Zahar, 1989.

MONSENY, José. "L'hystérie, langue de base". In: Fondation du Champ Freudien (Org.), *Le symptôme-charlatan*. Paris: Seuil, 1998.

NASIO, J.-D. *Histeria: Teoria e clínica psicanalítica*. Rio de Janeiro: Zahar, 1991.

SAFOUAN, Moustapha, *Estudos sobre o Édipo*. Rio de Janeiro: Zahar, 1979.

SCHAEFFER, Jacqueline. "Histeria". In: MIJOLLA, Alain de (Org.), *Dicionário internacional da psicanálise*, v. 1. Rio de Janeiro: Imago, 2005.

SOLER, Colette. "A histérica e a mulher: Clínica diferencial". In: *A psicanálise na civilização*. Rio de Janeiro: Contra Capa, 1998.

_____. "A histeria no discurso da ciência". In: *A psicanálise na civilização*. Rio de Janeiro: Contra Capa, 1998.

SPIELREIN, Sabina. *Entre Freud et Jung*. Paris: Aubier, 2004.

História da histeria

CESBRON, Henri. *Histoire critique de l'hystérie*. Paris: Asselin et Houzeau, 1909.

CHAUVELOT, Diane. *L'hystérie vous salue bien! Sexe et violence dans l'inconscient*. Paris: Denoël, 1995.

DIDI-HUBERMAN, Georges. *Invention de l'hystérie*. Paris: Macula, 2012.

ELLENBERGER, Henri F. *Histoire de la découverte de l'inconscient*. Paris: Fayard, 1994.

JORGE, Marco Antonio Coutinho. "Apresentação: das afasias à histe-ria". In: FREUD, Sigmund; GARCIA-ROZA, Luiz Alfredo. *Afasias*. Rio de Janeiro: Zahar, 2014.

LAPASSADE, Georges. *La découverte de la dissociation*. Paris: Loris Talmart, 1998.

MESMER, Franz Anton. *Mémoire sur la découverte du magnétisme animal*. Paris: Allia, 2006.

RAUSKY, Franklin. *Mesmer, ou La révolution thérapeutique*. Paris: Payot, 1977.

ROUSSILLON, René. *Du baquet de Mesmer au "baquet" de S. Freud*. Paris: PUF, 1992.

SAURET, Marie-Jean. "Psicanálise, psicoterapias, ainda…". In ALBERTI, Sonia; FIGUEIREDO, Ana Cristina (Orgs.), *Psicanálise e saúde mental: Uma aposta*. Rio de Janeiro: Companhia de Freud, 2006.

THUILLIER, Jean. *Franz Anton Mesmer, ou L'extase magnétique*. Paris: Robert Laffont, 1988.

TRILLAT, Etienne. *História da histeria*. São Paulo: Escuta, 1991.

VEITH, Ilza. *Histoire de l'hystérie*. Paris: Seghers, 1972.

WAJEMAN, Gérard. "La convulsion de Saint-Médard". *Ornicar?*, v. 15, Paris: Lyse, 1978.

Loucura histérica

ALLEN, David Frank; NOBUS, Dany. "La rehabilitation de la folie hys-térique". In: MAIRET, A.; SALAGER, E. *La folie hystérique*. Paris: L'Harmattan, 1999 (1910).

BULARD, Jules-Amédée. *Étude sur la folie hystérique, ou De l'hystérie consi-dérée comme cause d'aliénation mentale*. Paris: L'Harmattan, 2011 (1858).

CROMBERG, Renata Udler (Org.). *Sabina Spielrein, uma pioneira da psica-nálise*. São Paulo: Livros da Matriz, 2014.

DEUTSCH, Helen. "Quelques formes de troubles affectifs et leur relation à la schizophrénie". In: *Les "comme si" et autres textes (1933-1970)*. Paris: Seuil, 2007.

FALRET, Jules. *De la folie raisonnante ou folie morale*. Paris, Imprimerie de E. Martinet, 1866. Disponível em: <http://www.histoiredelafolie. fr/psychiatrie-neurologie/jules-falret-de-la-folie-raisonnante-ou-fo lie-morale-extrait-des-annales-medico-psychologiques-paris-1866- et-tire-a-part-paris-imprimerie-de-e-martinet-1866-1-vol-in-8>. Acesso em: 11 jan. 2021.

FONTENELE, Laéria. "Estrutura e estruturas clínicas: fundamentos freudianos no ensino de Jacques Lacan". In FERREIRA, Nadiá Paulo Ferreira; LEITE, Julia Cristina Tosto Leite (Orgs.). *Clínica e estrutura*. Rio de Janeiro: Contra Capa, 2014.

JORGE, Marco Antonio Coutinho. "Nijinsky: um deus enlouquecido". In: LEVY, Silvia Maria de Souza; DIAS, Maria Filomena Pinheiro (Orgs.), *A céu aberto: O inconsciente na clínica das psicoses*. Rio de Janeiro: Contra Capa, 2018.

LEVY, Silvia Maria de Souza; DIAS, Maria Filomena Pinheiro (Orgs.). *A céu aberto: O inconsciente na clínica das psicoses*. Rio de Janeiro: Contra Capa/ Belém: Corpo Freudiano Seção Belém, 2018.

MACIEIRA, Cláudio de Pádua. *Manifestações psicóticas da histeria*. Tese de Livre Docência da Faculdade de Ciências Médicas da Universidade Federal do Maranhão, s/d.

MAIRET, Albert; SALAGER, E. *La folie hystérique*. Paris: L'Harmattan, 1999 (1910).

MALEVAL, Jean-Claude. *Locuras histéricas y psicosis disociativas*. Buenos Aires: Paidós, 2009.

NIJINSKY, Romola (Org.). *O diário de Nijinsky*. Rio de Janeiro: Rocco, 1985.

NIJINSKY, Vaslav. *Cadernos: O sentimento*. Rio de Janeiro: Francisco Alves, 1998.

OSTWALD, Peter. *Vaslav Nijinski, un saut dans la folie*. Paris: Passage du Marais, 1993.

Psicanálise

ARRIVÉ, Michel. *Linguística e psicanálise: Freud, Saussure, Hjelmslev, Lacan e os outros*. São Paulo: Edusp, 1994.

184

_____. *Linguagem e psicanálise, linguística e inconsciente: Freud, Saussure, Pichon, Lacan*. Rio de Janeiro: Zahar, 1999.

AULAGNIER, Piera. "Observações sobre a estrutura psicótica". In: KATZ, Chaim S. (Org.), *Psicose: Uma leitura psicanalítica*. São Paulo: Escuta, 1991.

AZOURI, Chawki. *La psychanalyse: À l'écoute de l'inconscient*. Alleur: Marabout, 1993.

CLAVREUL, Jean. *A ordem médica: Poder e impotência do discurso médico*. São Paulo: Brasiliense, 1983.

CHILAND, Colette. *O sexo conduz o mundo*. Rio de Janeiro: Companhia de Freud, 2005.

DUFOUR, Dany-Robert. *A existência de Deus comprovada por um filósofo ateu*. Rio de Janeiro: Civilização Brasileira, 2016.

ENRIQUEZ, Eugène. *Da horda ao Estado: Psicanálise do vínculo social*. Rio de Janeiro: Zahar, 1990.

FERENCZI, Sándor. "Sugestão e psicanálise". In: *Obras completas*, v. 1. São Paulo: Martins Fontes, 1991.

FREUD, Sigmund. *Edição standard brasileira das obras psicológicas completas de Sigmund Freud*. Rio de Janeiro, Imago, 1970-77, 24 v.

_____. *Obras completas*. Buenos Aires: Amorrortu, 1996, 24 v.

_____. *Sigmund Freud: Obras completas*, 20 volumes (em andamento), trad. Paulo César de Souza (com Sergio Tellaroli, vol.13), São Paulo, Companhia das Letras.

FREUD, Sigmund; ANDREAS-SALOMÉ, Lou. *Correspondência completa*. Rio de Janeiro: Imago, 1975.

HASSOUN, Jacques (Org.). *Freud, 1889-1989: Le voyage à Nancy*. Nancy: Presses Universitaires de Nancy, 1990.

JONES, Ernest. *Papers on Psychoanalysis*. Londres: Baillière, Tindall and Cox, 1918.

JORGE, Marco Antonio Coutinho. "Discurso médico e discurso psicanalítico". In: CLAVREUL, Jean, *A ordem médica*. São Paulo: Brasiliense, 1983.

_____. *Sexo e discurso em Freud e Lacan*. Rio de Janeiro: Zahar, 1988.

_____. *Fundamentos da psicanálise de Freud a Lacan*, v. 1: *As bases conceituais*. Rio de Janeiro: Zahar, 2000.

_____. *Fundamentos da psicanálise de Freud a Lacan*, v. 2: *A clínica da fantasia*. Rio de Janeiro: Zahar, 2010.

_____. *Fundamentos da psicanálise de Freud a Lacan*, v. 3: *A prática analítica*. Rio de Janeiro: Zahar, 2017.

_____. *Fundamentos da psicanálise de Freud a Lacan*, v. 4: *O laboratório do analista*. Rio de Janeiro: Zahar, em desenvolvimento.

_____. "Freud e a invenção da clínica estrutural". In SANTOS, Altair José dos; ALMEIDA, Marcela Toledo França de (Orgs.), *Futuros da psicanálise*. Rio de Janeiro: Contra Capa/ Goiânia: Corpo Freudiano Seção Goiânia, 2017.

LACAN, Jacques. "Compte rendu avec interpolations du séminaire de l'éthique". *Ornicar?*, n. 28. Paris: Navarin, jan.-mar. 1984.

_____. *O Seminário, livro 2: O eu na teoria de Freud e na técnica da psicanálise*. Rio de Janeiro: Zahar, 1985.

_____. *O Seminário, livro 3: As psicoses*. 2. ed. Rio de Janeiro: Zahar, 1988.

_____. *O Seminário, livro 5: As formações do inconsciente*. Rio de Janeiro: Zahar, 1999.

_____. *O Seminário, livro 7: A ética da psicanálise*. Rio de Janeiro: Zahar, 1995.

_____. *O Seminário, livro 11: Os quatro conceitos fundamentais da psicanálise*. Rio de Janeiro: Zahar, 1979.

_____. *O Seminário, livro 17: O avesso da psicanálise*. Rio de Janeiro: Zahar, 1992.

_____. *O Seminário, livro 18: De um discurso que não fosse semblante*. Rio de Janeiro: Zahar, 2009.

_____. *O Seminário, livro 20: Mais, ainda*. Rio de Janeiro, Zahar, 1982.

_____. "La troisième". *Lettres de l'École Freudienne de Paris*, n. 16, 11 nov. 1974, p. 178-203.

_____. "Conférences et entretiens dans des universités nord-américaines", *Scilicet*, n. 6-7. Paris: Seuil, 1976.

_____. "Motivos do crime paranoico: O crime das irmãs Papin". In: *Da psicose paranoica em suas relações com a personalidade*, seguido de *Primeiros escritos sobre a paranoia*. Rio de Janeiro: Forense Universitária, 1987.

_____. *Escritos*. Rio de Janeiro: Zahar, 1998.

_____. *Outros escritos*. Rio de Janeiro: Zahar, 2003.

LAMOTE, Thierry. *La scientologie déchiffrée par la psychanalyse: La folie du fondateur L. Ron Hubbard*. Toulouse: Presses Universitaires du Mirail, 2011.

LEADER, Darian. *Simplesmente bipolar*. Rio de Janeiro: Zahar, 2015.

MASSON, Jeffrey Moussaieff. *A correspondência completa de Sigmund Freud para Wilhelm Fliess*. Rio de Janeiro: Imago, 1986.

MALCOLM, Janet. *Nos arquivos de Freud*. Rio de Janeiro: Record, 1983.

MELMAN, Charles. *Alcoolismo, delinquência, toxicomania: Uma outra forma de gozar*. São Paulo: Escuta, 1992.

MIJOLLA, Alain de. *Freud et la France*. Paris: PUF, 2010.

MILLER, Jacques-Alain. "Les réponses du réel". In: ZAFIROPOULOS, Markos (Org.). *Aspects du malaise dans la civilisation*. Paris: Navarin, 1987.

_____. *El Otro que no existe y sus comités de ética*. Buenos Aires: Paidós, 2005.

_____. *El ultimíssimo Lacan*. Buenos Aires: Paidós, 2014.

NASIO, J.-D. *Os grandes casos de psicose*. Rio de Janeiro: Zahar, 2001.

NUNBERG, Herman; FEDERN, Ernst (Orgs.). *Les premiers psychanalystes: Minutes de la Société psychanalytique de Vienne*, v. II, *1908-1910*. Paris: Gallimmard, 1978.

PORGE, Erik. *Jacques Lacan, un psychanalyste: Parcours d'un enseignement*. Ramonville Saint-Agne: Érès, 2000.

RABINOVICH, Diana. "O psicanalista entre o mestre e o pedagogo". *Dizer*, n. 4. Rio de Janeiro: Escola Lacaniana de Psicanálise, 1991.

ROUDINESCO, Elisabeth. *História da psicanálise na França: A batalha dos cem anos*, v. I: *1885-1939*. Rio de Janeiro: Zahar, 1987.

_____. *Por que a psicanálise?*. Rio de Janeiro: Zahar, 2000.

_____. *Freud: Mas por que tanto ódio?*. Rio de Janeiro: Zahar, 2011.

ROUDINESCO, Elisabeth; PLON, Michel. *Dicionário de psicanálise*. Rio de Janeiro: Zahar, 1998.

STOLLER, Robert. "Faits et hypothèses: Un examen du concept freudien de bisexualité". *Nouvelle Revue de Psychanalyse*, n. 7, *"Bisexualité et difference des sexes"*. Paris: Gallimard, 1973.

SZPIRKO, Jean. *L'ombre des mots: Dieu croit-il en la psychanalyse?* Paris: Campagne Prémière, 2008.

ZWEIG, Stefan. *A cura pelo espírito: Em perfis de Franz Mesmer, Mary Baker Eddy, Sigmund Freud.* Rio de Janeiro: Zahar, 2017.

Transexualidade

JORGE, Marco Antonio Coutinho e Natália Pereira Travassos. *Transexualidade: O corpo entre o sujeito e a ciência.* Rio de Janeiro: Zahar, 2018.

_____. "Homofobia: Uma interpolação na abordagem da transexualidade". In: JORGE, Marco Antonio Coutinho; TRAVASSOS, Natália Pereira (Orgs.). *O enigma do sexo e a homossexualidade na psicanálise.* Rio de Janeiro: Contra Capa, 2020.

MAYER, Lawrence S.; MCHUGH, Paul R. "Sexuality and Gender: Findings from the Biological, Psychological and Social Sciences". *The New Atlantis: A Journal of Technology and Society*, v. 50, outono 2016.

MILLOT, Catherine. *Horsexe: Essai sur le transsexualisme.* Paris: Point Hors Ligne, 1983.

SAVITSCH, Eugene de. *Homossexuality, Transvestism and Change of Sex.* Springfield: Charles C. Thomas, 1958.

Outros

BATAILLE, Georges. *Théorie de la religion.* Paris: Seuil, 1980.

BLOCH, Oscar; WARTBURG, Walther von. *Dictionnaire étymologique de la langue française.* Paris: PUF, 1996.

BUARQUE DE HOLLANDA, Heloisa (Org.). *Pensamento feminista: Conceitos fundamentais.* Rio de Janeiro: Bazar do Tempo, 2019.

DABHOIWALA, Faramerz. *As origens do sexo: Uma história da primeira revolução sexual.* São Paulo: Globo, 2013.

LE BON, Gustave. *Psicologia das multidões.* São Paulo: Martins Fontes, 2008.

LÉVI-STRAUSS, Claude. "A eficácia simbólica". In: *Antropologia estrutural.* Rio de Janeiro: Tempo Brasileiro, 2003.

MAFFESOLI, Michel. *Homo eroticus: Comunhões emocionais*. Rio de Janeiro: Forense, 2014.

MILAN, Betty. *Brasil: Os bastidores do carnaval*. São Paulo: Grupo Eucatex, 1986.

_____. *O país da bola*. Rio de Janeiro, Record, 1998.

MILLOT, Catherine. *A vida com Lacan*. Rio de Janeiro: Zahar, 2017.

POSTEL, Jacques. *Dictionnaire de la psychiatrie*. Paris: Larousse, 2011.

SALLMANN, Jean-Michel. *Les sorcières fiancées de Satan*. Paris: Gallimard, 1994.

SAUSSURE, Ferdinand de. *Curso de linguística geral*. São Paulo: Cultrix, 1995.

SÊNECA. *Da tranquilidade da alma*. Porto Alegre: L&PM, 2009.

Filmes

Augustine, Alice Winocour, 2012.

Dr. Mesmer, o feiticeiro (Mesmer), Roger Spottiswoode, 1994.

Entre elas (Sister My Sister), de Nancy Meckler, 1994.

O mestre (The Master), Paul Thomas Anderson, 2012.

Slender Man: Pesadelo sem rosto, Sylvain White, 2018

Wild, Wild Country, Chapman Way e Maclain Way, 2018.

Canções

LADY GAGA. "Born this way" (Stefani Germanotta/Jeppe Laursen), *Born this way*, 2011.

MADONNA. "Die another day" (Madonna/Mirwais Ahmadzaaï), *Die another day*, 2002.

MADONNA. "Music" (Madonna/Mirwais Ahmadzaaï), *Music*, 2000.

VELOSO, Caetano. "Dom de iludir" (Caetano Veloso), *Totalmente demais*, 1986.

Agradecimentos

A Cristina Zahar, pelo entusiasmo com o projeto. A Clarice Zahar, nossa alquimista. A Alexandra Ferreira, Betty Milan, Cláudio Piccoli, Denise Maurano, Francisco Frazão e Macla Nunes, pela leitura e as ponderações. A Altair Santos, Elizabeth Cristina Landi, Fernanda Samico, Laéria Fontenele, Lavínia Brito, Marcia Smolka, Maria Fernanda Bumlai, Monica Marques, Silvia Levy e Vera Fragoso, que nos acolheram calorosamente nas seções brasileiras do Corpo Freudiano para expormos nossas ideias. A Cristiane Cardoso Lollo, Jacques Sibony, Monique de Lagontrie e Paolo Lollo, do Corpo Freudiano Seção Paris. Aos membros do Corpo Freudiano Seção Rio de Janeiro, pelo constante e frutífero diálogo. A Ana Cristina Salles, Arlindo Pimenta, Carolina Belicco, Eliana Mendes, Guiomar Lage, Maria Mazzarello Cotta Ribeiro, Vanessa Santoro e todos os queridos interlocutores do Círculo Psicanalítico de Minas Gerais. A Alejandra Barron, que nos traduziu para o alemão. A François Ducerisier, que nos verteu para a língua francesa. A Thomas Speroni que nos traduziu para o espanhol. A Regina Castello, da UniAcademia, de Juiz de Fora, amiga até debaixo d'água. A Ana Petros, Martin Lix Klett e Silvia Grinberg do Seminario Psicoanalítico de Tucumán. A Paola Mieli, da Après-Coup Psychoanalytic Association, de Nova York. A Angela Coutinho, da Sociedade Psicanalítica Iracy Doyle. A Eliane Scherman, pela sensível e alegre companhia durante a travessia. A Eliane Maria Soares Gomes, pela palavra salutar.

Coleção Transmissão da Psicanálise

ESTA OBRA FOI COMPOSTA POR MARI TABOADA EM DANTE PRO E
IMPRESSA EM OFSETE PELA GRÁFICA BARTIRA SOBRE PAPEL PÓLEN SOFT
DA SUZANO S.A. PARA A EDITORA SCHWARCZ EM MARÇO DE 2021